KLEUTERS & AUTISME

Ans van Soerland
Jan Odolphi

Colofon

Geschreven door:
Ans van Soerland
Jan Odolphi

Uitgegeven door:
Graviant educatieve uitgaven, Doetinchem

Pictogrammen:
www.sclera.be

© september 2016

ISBN 978-9491337918

inhoud

inhoud

Waarom een boek speciaal voor kleuters met Autisme?

De kleuterperiode is een periode waarin het kind zich in een hoog tempo ontwikkelt op alle ontwikkelingsgebieden:
- op sociaalgebied van ik-gericht naar wij samen.
- op motorisch gebied van grove motoriek naar fijne motoriek, waarin ook de lateralisatie plaats vindt.
- op het gebied van de communicatie gaat de wederkerigheid een rol spelen en wordt er in toenemende mate een groter beroep op het voorstellingsvermogen gedaan.
- op het gebied van spel vindt er een ontwikkeling plaats van functioneel spel naar symbolisch spel (doen alsof spel).

 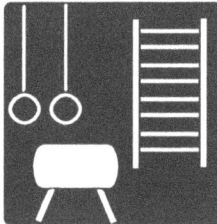  

spel   motoriek   communicatie   sociale regels

Door in deze periode op al deze niveaus de wereld te verkennen en te manipuleren, leert het kind flexibel en creatief te denken.

Het kind krijgt tools voor het uiten van emoties en stress, het delen van gevoelens en samen beleven van gebeurtenissen. Het leert vaardigheden die nodig zijn om je sociaal competent te gedragen en betekenis te geven aan de wereld om zich heen.

De andere betekenisverlening van de kleuter met autisme zorgt ervoor dat dit proces anders verloopt en daarom om een andere begeleiding vraagt.

Onze dank gaat uit naar Ellen van der Linde, Marry Ronde, Petra den Boer, Luna Beukema en Mieke Wapstra voor hun bijdrage betreffende de praktijksituaties en inhoudelijke ondersteuning.

Inleiding

Autisme of Autisme Spectrum Stoornissen (ASS), zijn pervasieve ontwikkelingsstoornissen die kunnen doordringen op alle ontwikkelingsgebieden: sociaal contact, de taal, de motoriek, de prikkelverwerking en/of de ontwikkeling van het cognitief functioneren.

De ontwikkeling van kleuters met autisme verloopt anders dan die van kleuters zonder autisme. Vanaf de kleuterleeftijd vallen de verschillen in ontwikkeling steeds meer op. Visueel-ruimtelijke vaardigheden zijn vaak beter ontwikkeld dan de taal- en sociale vaardigheden.

Kleuters met autisme vallen op school al heel snel op door hun opvallend gedrag. Vaak reageren ze niet of verkeerd op groepsintructies, ze hebben geen interesse voor het spel van andere kinderen, ze hebben moeite met het groepsgebeuren. Sommige kleuters met autisme zijn wild en onhandelbaar, ze trekken en stampen, roepen veelvuldig te pas en te onpas iets door de klas, hebben moeite met het maken van knutselwerkjes, kortom: laten opvallend, vaak storend gedrag zien. Ook zijn er kinderen met autisme die zich juist terugtrekken.

Bij kleuters met autisme is er sprake van een afwijkende taalontwikkeling. Opvallende kenmerken zijn een gering taalbegrip, echolalie, vasthouden aan typisch taalgebruik, verkeerde afstemming met de ander. Vaak kunnen kinderen met autisme niet zeggen wat ze bedoelen, wat ze willen. Deze onmacht uit zich dan in schreeuwen en/of fysiek geweld.

Vaak valt de rigiditeit in denken en doen op: het vasthouden aan bekende patronen, weerstand tegen veranderingen.
Soms vallen de motorische vaardigheden op: rondjes draaien rond eigen as, fladderen met armen en handen, wiegen, op de tenen lopen.

Vaak wordt een afwijkende prikkelverwerking waargenomen. Veel kinderen met autisme hebben overmatig last van geluid en licht, zijn overgevoelig voor tactiele prikkels, willen daardoor niet aangeraakt worden. Soms hebben deze kinderen de drang om alles aan te raken of alles in de mond te stoppen. Kleuters met autisme laten vaak stereotype bewegingen zien: tikken met voorwerpen, steeds maar ronddraaien van de wieltjes van een speelgoedautootje.

Kleuters met autisme leren anders dan kleuters zonder autisme. Er is vaak sprake van weerstand tegen nieuwe dingen, je weet immers niet wat je te wachten staat. Het geleerde wordt niet toegepast in een andere, soms ook maar iets afwijkende situatie: bijvoorbeeld op school puzzelen ze goed, maar thuis kunnen ze het niet, of omgekeerd. Ze laten stil en teruggetrokken gedrag zien, zijn minder actief, tonen geen interesse, spelen niet met andere kinderen, lopen doelloos rond.

Al deze kenmerken van een andere beleving van de wereld om hen heen, zorgt er voor dat ze zich anders ontwikkelen en gedragen. Wanneer je dit goed begrijpt kun je de kleuter ondersteunen en begeleiden met behulp van een specifieke aanpak.

1. Autisme

1.1 Definitie van autisme

Vanaf de start van de Wet op de Leerlinggebonden Financiering (het 'rugzakje') volgen steeds meer leerlingen met een Autisme Spectrum Stoornis (ASS) het regulier onderwijs.

En zeker met de regeling "passend onderwijs' is dit een vereiste.

Het is belangrijk dat leerkrachten inzicht verkrijgen in het gedrag, het denken en het leren van kinderen met autisme.

Peter Vermeulen (2002) geeft aan dat voor een aangepaste onderwijsstijl niet uitgegaan moet worden van het gedrag of de oppervlakte van autisme, maar van de binnenkant, dat wil zeggen de wijze waarop leerlingen met autisme waarnemen en die waarnemingen verwerken in hun hersenen.

De cognitieve stijl van leerlingen met autisme kenmerkt zich door moeilijkheden bij het verlenen van betekenis aan wat waargenomen wordt, mede door de problemen met samenhang en context zien.

Peeters (1994) geeft hierbij aan dat bij leerlingen met autisme de zintuiglijke informatie op een ongewone manier verwerkt wordt. Zij horen, voelen, zien net als wij, maar de hersenen van leerlingen met autisme gaan op een andere manier om met die informatie. Deze verstoorde waarneming uit zich vaak in gedragsproblemen, waarbij Peeters (1994) stelt dat wat men ziet aan gedrag – de symptomen – niet behandeld moeten worden, maar dat begeleiding vanuit het autisme moet gaan gebeuren (de ijsbergtheorie).

IJsbergtheorie:

zichtbare deel = het geobserveerde gedrag
onzichtbare deel = de oorzaak

Het is belangrijk om de juiste oorzaak te weten om daar je handelingsplan op te richten. Het gedrag is het topje van de ijsberg en de oorzaak kan veel breder zijn. Goed observeren van het gedrag is essentieel.

Zichtbare deel: Evert kan niet stil op zijn stoel zitten in de kring. Hij schuift en draait. Onzichtbare deel kan zijn:

	1 prikkelverwerking: de druk van zijn billen niet op de stoel voelen.
Of	2 geen nabijheid kunnen verdragen: onrustig worden, omdat de andere kleuter te dicht naast hem zit.
Of	3 fysieke vermoeidheid door te weinig slaap.
Of	4 psychische vermoeidheid door spanningen.

Denteneer-van de Pas en Verpoorten (2007) definiëren autisme als volgt:

"Autisme is een pervasieve ontwikkelingsstoornis op basis van een organisch neurologisch defect, waarbij specifieke stoornissen op het gebied van communicatie, sociale interactie en verbeelding samen gaan met de cognitieve stijl. Dit geschiedt onafhankelijk van het cognitief niveau. Daarbij kunnen opvallende gedragskenmerken zijn: weerstand tegen verandering, sterke drang tot stereotypen, routines, starheid en letterlijkheid".

Vanuit bovenvermelde definitie kan gesteld worden dat het onderwijsleerproces van leerlingen met autisme, vergeleken met dat van leerlingen zonder autisme niet vanzelfsprekend is. De aard en de ernst van belemmeringen die leerlingen met autisme hebben bij het volgen van onderwijs kunnen sterk variëren, waarbij de verstandelijke vermogens van de leerling natuurlijk een rol spelen. De begeleiding van leerlingen met autisme vraagt om kennis over de stoornis. Vanuit die kennis ontstaat begrip voor het gedrag van de leerling en pas dan kan er sprake zijn van een optimale begeleiding, gericht op de individuele mogelijkheden van die specifieke leerling.

1.2 Cognitieve stijl

Autisme is een neuropsychiatrische aandoening met een geschatte erfelijkheid van negentig procent en daardoor de psychiatrische aandoening met de sterkste genetische lading (P.F.A.de Nijs e.a., 2004). Het is nog onduidelijk hoe afwijkingen aan de hersenen tot de vele symptomen, zoals die zich bij autisme voordoen kunnen leiden. Hierover zijn verschillende hypothesen ontwikkeld. Als uitgangspunt hebben deze hypothesen gemeen dat afwijkingen aan de hersenen, door welke genetische of medische oorzaak ook, slechts tot autisme leiden indien een specifieke cognitieve functie is uitgevallen. Deze hypothesen bieden niet alleen een verklaring voor de tekorten in het functioneren van kinderen met autisme, maar ook voor de intacte of zelfs bovengemiddelde vaardigheden op sommige terreinen (P.F.A. de Nijs e.a., 2004).

Bij deze hypothesen kan een driedeling gemaakt worden, waarbij sprake is van een algemeen cognitief defect, een defect van de informatieverwerking en een specifiek defect op het gebied van emotioneel en sociaal begrip.

Zoals aangegeven binnen de triade van stoornissen (zie definitie autisme) en die Wing (2000) vervolgens omschrijft als een kwalitatieve tekortkoming in:

- sociale relaties
- communicatie
- verbeelding

Ina van Berckelaer-Onnes heeft een beschrijving gegeven van de drie kernsymptomen van een stoornis binnen het autistisch spectrum:

- Kwalitatieve tekortkomingen in sociale interacties, met name waar het op wederkerigheid aankomt: bijvoorbeeld wel kunnen praten tegen iemand maar niet een echt gesprek kunnen voeren met iemand en niet echt samen kunnen spelen.

Het samenspelen uit zich vaak alleen door de baas willen spelen. De kleuter met autisme bepaalt wat de ander moet doen. Ook mag de ander vaak geen inbreng hebben in het spelverloop, want dan weet de kleuter met ASS niet wat de bedoeling is en raakt in paniek. Dit kan zich dan uiten in hardnekkig verzet.

- Kwalitatieve tekortkomingen in non-verbale en verbale communicatie en het verbeeldend vermogen; bijvoorbeeld gezichts- en lichaamsuitdrukkingen niet begrijpen en geen fantasie in spel hebben, maar monotoon steeds dezelfde handeling uitvoeren.

Het is belangrijk om in het speelhuis te observeren wat er gebeurt. Imiteert de kleuter of is het echt 'doen alsof' spel. Dit kan een signaal zijn bij een vermoeden van autisme .
Vaak imiteert de kleuter met ASS het gedrag van de ander of wacht juist op opdrachten van een klasgenootje, zodat de kleuter met autisme weet wat er van hem verwacht wordt.

- Een opvallend beperkt repertoire van bezigheden en interesses en beperkte, zich herhalende, stereotype patronen van gedrag, bijvoorbeeld steeds met hetzelfde speeltje spelen, geen interesse hebben voor hetgeen om hen heen gebeurt.

De kleuter met ASS blijft vaak hangen in functioneel spel bijvoorbeeld steeds auto's in een file achter elkaar zetten en er niet echt een verhaal bij maken.
Of dieren in een hok zetten en er verder geen spel mee spelen.
Er is geen inhoud en verloop van gebeurtenissen in het spel.

Om inzicht te verkrijgen in de mogelijkheden en beperkingen is
het belangrijk dat men inzicht krijgt in de oorzaken van autisme.
Deze oorzaken kunnen een verklaring geven over het gedrag van
leerlingen met autisme.

1.3   Cognitieve verklaringsmodellen

Autisme is een stoornis in de informatieverwerking.

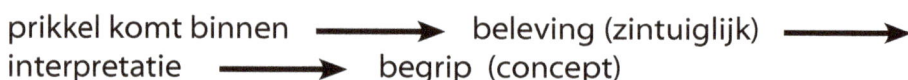

prikkel komt binnen ⟶ beleving (zintuiglijk) ⟶
interpretatie ⟶ begrip (concept)

Dit wil zeggen:
Het omzetten van sensorische prikkels, die in de hersenen worden
geïdentificeerd, samengevoegd en geïnterpreteerd. Het begrip:
de betekenisverlening die elke kleuter via zijn eigen concept
(betekenis) inhoud geeft.

Voorbeeld

> Eva hoort de bel .
> Thuis betekent dit dat er iemand voor de deur staat. Ook op
> school rent ze de gang door naar de buitendeur om te kijken
> wie er voor de deur staat.

Er kunnen veel zaken fout gaan in de vele processen die zich in de
hersenen afspelen.
Autisme openbaart zich in vele verschijningsvormen, afhankelijk van
de ernst van de stoornis, van de intelligentie en van de mate waarin
de ontwikkeling op gang komt. Kortweg gezegd: van zeer in zichzelf
gekeerde kinderen tot actieve naar buiten gerichte kinderen die in
bepaalde situaties bizar gedrag laten zien.

Er bestaan drie belangrijke psychologische theorieën op het gebied
van autisme.
Deze drie theorieën verklaren ieder op zich een belangrijk aspect van
autisme, maar geven geen omvattende verklaring voor alle aspecten
van autisme.

De eerste is die waarbij het besef van andermans gevoelens en gedachten centraal staan, de Theory of Mind(ToM). Theory of Mind wordt omschreven als het vermogen zich in te leven in de gevoelens, gedachten, ideeën en bedoelingen van anderen. Bij leerlingen met autisme ontbreekt deze vaardigheid vaak of ontwikkelt deze vertraagd.

Wat wil ze dat ik doe?

Is ze blij of boos?

De tweede theorie is de theorie van de zwakke Centrale Coherentie (CC). Personen met autisme nemen gefragmenteerd waar en deze fragmenten worden niet tot een geheel gevormd.

Wat hoort bij elkaar??? En wat is het belangrijkste?

De derde theorie, de Planning en Executive Function (EF) schenkt aandacht aan het probleem van plannen en organiseren. De obsessies van leerlingen met autisme en hun weerstand tegen veranderingen worden vanuit deze theorie verklaard uit een gebrek aan planning.

Opruimen? Wat? Waar?

Denteneer-van der Pasch en Verpoorten (2007) geven aan dat geen van deze theorieën alle kenmerken van autisme verklaren. Ze zijn onderling aanvullend.

Bogdashina (2004) geeft aan dat autisme een stoornis is die grotendeels is gerelateerd aan zintuiglijke verwerking, maar dat de huidige diagnostische systemen hier te weinig aandacht aan besteden. Analyse van de door mensen met autisme beschreven ervaringen toont dit aan. Als er tegemoetgekomen wordt aan de zintuiglijke behoeften van mensen met autisme, zal probleemgedrag veel minder vaak voorkomen.

1.4 Contextblindheid

Er wordt in vele boeken en artikelen aandacht besteed aan het (verminderde) onvermogen van mensen met autisme om rekening te houden met de context. Met andere woorden: mensen met autisme hebben moeite om dingen te koppelen aan de context die op dat moment belangrijk is. Peter Vermeulen (2009) geeft aan dat er bij mensen met autisme sprake is van contextblindheid.

Contextblindheid is een tekort in het vermogen om spontaan en onbewust context te gebruiken in het verlenen van betekenis, wanneer informatie vaag, onduidelijk of meerzinnig is.

Betekenissen wisselen naargelang de context. Niets heeft een vaste betekenis, maar is afhankelijk van de situatie waarin het zich voordoet. Vaak zijn bij een situatie of gebeurtenis vele oplossingen mogelijk, met andere woorden: er kunnen veel betekenissen aan verleend worden. Mensen met autisme laten daar vaak onvermogen zien. Het is bekend dat mensen met autisme wel verbanden leggen, maar die verbanden zijn vast in plaats van contextgevoelig. Mensen met autisme denken in vaste 'één-één-relaties', waarbij betekenis wordt verleend aan enkelvoudige stimuli, zoals enkelvoudige woorden of voorwerpen, niet in wisselende 'één-op-veel-relaties', iets staat in verband met meerdere andere elementen, de zogenaamde open verbanden. (Peter Vermeulen, 2009).

Toch komt het voor dat mensen met autisme wel de context gebruiken. Wanneer gewezen wordt op het feit dat er in bepaalde situaties meerdere oplossingen mogelijk zijn, worden die oplossingen ook gegeven. Wanneer de context wordt geactiveerd maken mensen met autisme er ook gebruik van om emoties te benoemen en te verklaren. Maar juist in spontane, onverwachte situaties wordt de plank vaak misgeslagen. Terwijl mensen zonder autisme ook op onbewust niveau gebruik maken van het vermogen de context in te schakelen, lijkt dit bij mensen met autisme niet te gebeuren.

1.5   Diagnostiek

Autisme wordt vastgesteld op basis van gedragskenmerken die een kind laat zien in verschillende situaties. De criteria voor de verschillende Autisme Spectrum Stoornissen zijn vastgelegd in de DSM-IV, een wereldwijd classificatiesysteem waarmee psychiaters en psychologen werken. Daarnaast is er de ISD-10 die bij het diagnosticeren van autisme wordt gebruikt.
Vanuit deze classificatiesystemen wordt nu nog de volgende onderverdeling gemaakt:
* klassiek of kernautisme
* PDD-NOS (Pervasive Development Disorder-Not Otherwise Specified
* Syndroom van Asperger

In de nieuw te verschijnen DSM-V wordt deze onderverdeling weggelaten en wordt autisme aangeduid als een Autisme Spectrum Stoornis, afgekort tot ASS.

1.6   Vroegsignalering

Uit onderzoek blijkt dat de meeste diagnoses gesteld worden tijdens de basisschoolleeftijd (ongeveer rond 7 jaar).
Vanuit de wetenschap en de Nederlandse Vereniging voor Autisme (NVA) wordt gepleit voor vroegere diagnoses, omdat:
- ouders het gedrag van hun kind dan beter begrijpen waardoor gevoelens van onmacht afnemen
- er eerder gestart kan worden met behandeling en de behandeling effectiever wordt
-vroegtijdige behandeling preventief werkt. Nu lopen kinderen met autisme nog te vaak onnodig vast in het onderwijs.

Vaak uiten ouders hun bezorgdheid bij een consultatiebureau of huisarts. Deze bezorgdheid treedt vaak op na het eerste levensjaar. De verschillen met andere baby's worden opvallender. Een baby met ASS reageert vanaf het begin anders op het door de ouders aangeboden contact, hun affectie en de verzorging. Bij een gangbare ontwikkeling leert het kind communiceren. Er is wederkerig contact. Bij een baby met ASS ontbreekt dit wederkerig contact.
Bij een gangbare ontwikkeling hecht een kind zich aan de ouders. Bij kinderen met ASS vindt deze hechting in mindere mate plaats.

1.7 Aandachtspunten bij vroegsignalering

Gedragsaspecten die kunnen wijzen op een Autisme Spectrum Stoornis bij jonge kinderen:

Op sociaal gebied:
- ❏ Niet op hun beurt kunnen wachten
- ❏ Niet of te laat reageren bij groepsinstructie
- ❏ Te braaf, te vriendelijk of te stil of net erg druk en onhandelbaar
- ❏ Valt uit de groep (eenling)
- ❏ Weinig tot geen oogcontact
- ❏ Begrijpt emoties en gedrag van anderen niet
- ❏ Geen interesse/niet gericht zijn op andere kinderen
- ❏ Geen interesse voor (spel van) anderen
- ❏ Niet wijzen/geen dingen laten zien
- ❏ Er treedt geen of weinig imitatie op
- ❏ Geen sociale glimlach
- ❏ Mensen als voorwerpen behandelen
- ❏ Echopraxie: het letterlijk nadoen
- ❏ Geen belangstelling voor sociale spelletjes

Op communicatief gebied:
- ❏ Niet reageren op zijn* naam
- ❏ Lijkt soms doof
- ❏ Echolalie: het herhalen van woorden/zinnen
- ❏ Vreemd taalgebruik, eigen jargontaaltje
- ❏ Te volwassen taalgebruik

*Waar hij/hem staat kan ook zij/haar gelezen worden.

Na afloop van een observatie in een kleuterklas van een jongetje van vijf jaar loopt hij bij het naar huis gaan naar de observator toe en vraagt hem: "Van welke instantie of instelling bent u eigenlijk"?

- ❑ Niet reageren op en begrijpen van lichaamstaal
- ❑ Steeds over hetzelfde praten
- ❑ Niet spontaan vertellen over andere contexten
- ❑ Letterlijk taalbegrip
- ❑ Stelt veel stereotiepe vragen
- ❑ Toont claimend gedrag
- ❑ Geen of weinig gebruik van de ik-vorm

Op interessegebied en spelontwikkeling
- ❑ Minder nabootsing (imitatie) van spel van anderen
- ❑ Minder gevarieerd spel, eenvoudige herhaling
- ❑ Letterlijke nabootsing (imitatie) van spel van anderen
- ❑ Moeilijk samenspel met leeftijdgenoten (niet/weinig/alles willen controleren); soms voorkeur voor juist oudere of jongere kinderen
- ❑ Fantasiespel is functioneel en repetitief
- ❑ Fantasiespel is beperkt of afwezig, bizar
- ❑ Nieuwe betekenissen van fantasiespel worden niet gegeneraliseerd
- ❑ Fantasiespel is wel mogelijk in gestructureerde situaties en na instructies
- ❑ Zeer druk, wild, regelloos spel
- ❑ beperkte, bizarre en/of ongewone interesses
- ❑ Doelloos rondlopen, niet de intentie hebben om te gaan verkennen
- ❑ Doen-alsof spel ontbreekt

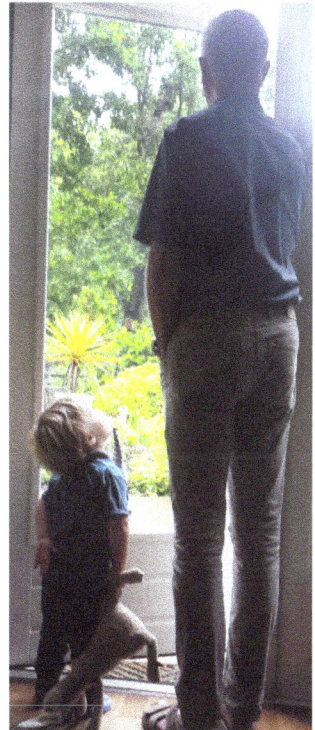

Op het gebied van veranderingen
- ❏ Motorische stereotypen (bijvoorbeeld fladderen met de handen, op tenen lopen)
- ❏ Stereotype gebruik van voorwerpen
- ❏ Hardnekkig vasthouden aan bepaalde routines, vast gedrags-/handelingspatroon
- ❏ Betasten, tikken, ruiken, likken aan voorwerpen
- ❏ Fascinaties (voorwerpen, licht, knopjes enzovoort)

Overige signalen
- ❏ Zelfverwonding (vaak een stressreactie, overprikkeling)
- ❏ Beloningen en stress lijken niet aan te slaan
- ❏ Disharmonisch ontwikkelingsprofiel
- ❏ Contextspecifiek presteren, generalisatieproblemen
- ❏ Eigenaardige reacties op prikkels
- ❏ Loopt op tenen, houterige motoriek
- ❏ Hyper- en/of hyposensitiviteit: over- en/of ondergevoelig voor bepaalde prikkels: auditief, visueel, tactiel, reuk, smaak
- ❏ Afwijkende huilpatronen
- ❏ Afwijkende eet- slaappatronen

2. Ontwikkelingsgebieden van kleuters en kleuters met autisme

2.1 Autisme en communicatie

Voorbeeld

Jos is binnenkort jarig. Zijn moeder is van plan een verjaardagspartijtje te organiseren en bespreekt dit met hem. Ze vertelt hem dat hij vier vriendjes mag uitnodigen. Jos wordt boos en wil zijn verjaardag niet vieren. Moeder probeert een aantal keren om uit te leggen dat het leuk is om je verjaardag te vieren, waarop Jos uiteindelijk in grote wanhoop zegt: "Ik kan mijn verjaardag toch niet met zijn vijven vieren. Het duurt even voordat moeder door heeft wat het werkelijke probleem bij Jos is: Jos snapt de uitdrukking een verjaardag vieren in deze context niet. Hij zoekt houvast in de letterlijke waarneming. Er worden immers vier vriendjes uitgenodigd, met hem erbij zijn het er vijf. Jos komt niet verder dan de cijfers vier en vijf en begrijpt het woord "vieren" niet.

2.1.1 Natuurlijke communicatie

Van de normale communicatie zijn we ons vaak niet helemaal bewust. We praten met de ander zonder erbij stil te staan hoe het gesprek verloopt. Toch zitten er in een goed lopend gesprek verschillende elementen waarvan we kunnen zeggen dat de communicatie er ontspannen en soepel door verloopt. Natuurlijke communicatie noemen we basiscommunicatie. Bij natuurlijke communicatie vindt de uitwisseling over en weer plaats. Er is wederkerigheid in de basiscommunicatie. Informatie wordt over en weer uitgewisseld. Mensen doen dit met woorden, gebaren, gezichtsuitdrukkingen, lichaamstaal en intonatie van de stem. Als je met elkaar in gesprek bent let je op de ander. Je hebt aandacht voor wat de ander als boodschap uitdraagt. Je volgt hem, kijkt hem aan en maakt oogcontact. Je bent vriendelijk in je houding, gezichtsuitdrukking en manier van spreken. Je nodigt als het ware de ander uit om verder te praten. Als diegene bezig is met zijn verhaal, reageer je daarop door te knikken of iets te zeggen.

Al deze onderdelen noemen we elementen, bouwstenen van natuurlijke basiscommunicatie. Deze manier van communiceren gebruiken veel mensen intuïtief en van nature.

2.1.2 Van natuurlijke communicatie naar auti-communicatie

Natuurlijke communicatie bestaat dus uit veel elementen. Bij kinderen met autisme zit daar nu net het probleem. Door zijn beperkte inzicht in het eigen en andermans innerlijk (Theory of Mind) en doordat het kind met ASS het grote geheel niet kan overzien (Centrale Coherentie), heeft het problemen met de meeste elementen van communicatie. Het is dus echt niet in staat om op onze wijze te communiceren. Het kind met ASS doet het op zijn eigen manier. Anders, maar dat wil niet zeggen verkeerd. De kleuter begrijpt hierdoor de ander niet.

Omdat het onze wijze van communiceren niet kan gebruiken, moeten wij zijn manier van communiceren leren herkennen en ons daarbij aansluiten. Doordat je de kenmerken leert herkennen kun je beter op de behoefte van het kind reageren. Deze communicatie met het kind noemen we auti-communicatie.

Wanneer de kleuter steeds dezelfde vraag stelt, kan dit betekenen dat hij het antwoord niet snapt. Of hij kan de vraag niet op een andere manier stellen.

2.2 Normale taalontwikkeling - taalontwikkeling kinderen met autisme

Autisme is een ontwikkelingsstoornis. Kinderen met autisme ontwikkelen zich vanaf de geboorte anders. Dat geldt ook voor de ontwikkeling van taal en communicatie. Maar vooral de wijze waarop kinderen met autisme zich uitdrukken is anders.

Taal- en communicatieontwikkeling bij kinderen met en zonder autisme

leeftijd	Normale ontwikkeling	Ontwikkeling bij autisme
2 mnd.	• Eerste glimlach • Oogcontact • Reflexmatig gedrag wordt gezien als signaal • Kirren; keelgeluiden maken	• Eerste tekenen van wederkerigheid ontbreken • Eerste glimlach blijft uit of wordt veeleer als grimas ervaren • Nauwelijks oogcontact met de ouder, maar wel naar zonnestralen of gordijnen kijken

leeftijd	Normale ontwikkeling	Ontwikkeling bij autisme
6 mnd.	• Kleine conversaties met ouder op basis van geluiden en heen- en weergedrag met ouder bij het elkaar aankijken • Begint medeklinkers te maken	• Huilen is moeilijk te interpreteren • Moeilijk te troosten, liefkozingen missen hun effect • Weinig reageren op stemgeluid, maar wel op signaal
8 mnd.	• Gevarieerd gebrabbel met intonaties, herhaald brabbelen, reeksen • Ontstaan van wijzen • Duidelijke intentie om contact te maken: kind houdt gedrag (bijv. roepen of huilen) vol totdat het wordt vastgepakt	• Beperkt en soms ongewoon brabbelen, bijvoorbeeld tieren • Geen imitatie van geluiden, gebaren of uitdrukkingen • Wederkerigheid blijft uit
12 mnd.	• Ontstaan eerste woordjes • Eigen taaltje met intonatie • Graag bezig met klanken en dit betrekken op de omgeving • Gebaren en klanken gebruiken om aandacht te krijgen, dingen te tonen en om vragen te stellen	• Soms eerste woordjes (niet gebruikelijke zoals mama, papa, koek), maar niet zinvol gebruikt • Frequent luid roepen • Gedeelde interesses ontbreken, wel is er een behoeftebevredigende communicatie waarvoor ze de ander nodig hebben, maar er is geen goed kwalitatief contact
18 mnd.	• Woordenschat breidt zich uit van 3 tot 50 woordjes • Kan twee woorden samen gebruiken	• De woordenschat van kinderen met autisme is op deze leeftijd erg beperkt • Nogal wat kinderen gebruiken nog geen woordjes

leeftijd	Normale ontwikkeling	Ontwikkeling bij autisme
18 mnd.	• Overgeneralisatie, bijvoorbeeld papa = alle mannen • Taal gebruiken om opmerkingen te maken, voorwerpen en handelingen te vragen, aandacht te krijgen • Aan mensen trekken om aandacht te krijgen • Soms echolalie	• Er komt geen fantasiespel op gang • Te weinig verbeelding • Geen woorden voor iets wat er niet is, maar wat ze wel graag willen hebben • Vragen niet, maar pakken/grijpen
24 mnd.	• Soms combinaties van 3 tot 5 woorden • Eenvoudige vragen stellen, bijvoorbeeld waar mama? Weggaan? • Wijzen en dat zeggen • Eigen naam gebruiken in plaats van ik • Soms omkeren van voornaamwoorden • Taal beperkt zich tot het hier en nu	• Meestal minder dan 15 woorden • Woorden verschijnen en verdwijnen dan weer • Geen ontwikkeling van gebaren of zeker geen intentioneel gebruik
36 mnd.	• Woordenschat ca. 1000 woorden • Grammaticaal correct • Echolalie zeer zeldzaam • Niet meer beperkt tot het hier en nu	• Vreemde woordcombinaties • Echolalie van zinnen, geen creatief taalgebruik • Vreemd ritme, toon of intonatie • Vaak geen betekenisvolle spraak • Arme articulatie • Instrumenteel gebruik van ouder

leeftijd	Normale ontwikkeling	Ontwikkeling bij autisme
36 mnd.	• Veel vragen, vooral om contact te houden en minder om echte informatie te vragen	• Gaat naar een plaats en wacht tot het gewenste voorwerp gegeven wordt zonder dat er gecommuniceerd wordt.
48 mnd.	• Complexe zinsstructuren • Kan gesprek voeren • Kan uitleg vragen • Past eigen taal aan aan die van anderen	• Echolalie blijft • Imiteren van reclame of filmpjes • Vragen stellen
60 mnd.	• Rijpe grammaticale structuur • Kan zinnen verbeteren • Begrijpt moppen, sarcasme en dubbelzinnigheden • Kan eigen taal aan perspectief en rol van anderen aanpassen	• Geen of weinig of ander begrip van abstracte begrippen, bijvoorbeeld tijd • Moeilijk om gesprek te voeren • Moeite met voornaamwoorden • Echolalie blijft • Domineren van herhaaldelijk vragen • Abnormale toon en ritme

(Cloetens 2006, tabel 4.1: Overzicht van de taal- en communicatieontwikkeling bij kinderen met en zonder autisme)

2.3 Joint attention

Joint attention is een belangrijke vaardigheid in de ontwikkeling van jonge kinderen, welke ook invloed heeft op de taalontwikkeling, Theory of Mind (ToM) en de communicatieve ontwikkeling. Joint attention ontwikkelt zich in de eerste twee levensjaren van het kind. Kinderen met een autisme spectrumstoornis (ASS) hebben moeite zich in te leven in de gedachten, de gevoelens en intenties van anderen. Dit wordt ook wel Theory of Mind (ToM) genoemd. Een voorloper van ToM is joint attention. Letterlijk vertaald betekent joint attention 'gedeelde aandacht'. Joint attention betekent dat jonge kinderen de vaardigheid bezitten om hun aandacht te delen

met een ander en zich daarbij tevens te richten op een object
of gebeurtenis van gedeelde interesse, dus samen genieten.
Daarbij wordt gebruik gemaakt van oogcontact, blikwisselingen
en gebaren. (Voorbeeld: situatie waarin kind en een ouder samen
spelen met een bal. Het kind kijkt hierbij van de bal naar het
gezicht van de volwassene en weer terug naar de bal).

Kinderen met ASS laten een duidelijke
beperking zien in de ontwikkeling van
vaardigheden betreffende joint attention.
Omdat deze beperkingen al tijdens het
eerste levensjaar zichtbaar worden,
worden ze ook wel beschouwd als een
van de vroegste signalen van ASS.

Joint attention is onder te verdelen in:
      • aandacht delen
      • aandacht volgen
      • aandacht richten

Bij aandacht delen staan oogcontact en een uitwisseling van
blikken tussen het gezicht van een volwassene en een object. Een
voorbeeld hiervan is wanneer ouder en kind samen een liedje
zingen waarbij het kind op de schoot van de ouder zit en ze elkaar
hierbij aankijken.

Bij aandacht volgen volgt het kind de aandacht van de volwassene
in de richting van een object of gebeurtenis. Het kind volgt hierbij
de oogbewegingen en/of de wijzende vinger van de volwassene.
Het initiatief tot aandacht delen ligt dan bij de volwassene. Een
voorbeeld van aandacht richten is een kind dat wijst naar een
voorbij rijdende auto. Het kind wijst naar de rijdende auto, en kijkt
vervolgens naar de volwassene om de kijken of hij de auto ook
heeft gezien. Kinderen met ASS laten beperkingen zien op het
gebied van joint attention. Ze volgen vaak de blik of de wijzende
vinger van anderen niet. Verder valt op dat zij de aandacht van
anderen minder richten door bijvoorbeeld naar iets te wijzen of
voorwerpen te laten zien.

2.4 Autisme en sociale interactie

Bij kinderen met autisme is sprake van een afwijkende communicatie. Deze afwijkende communicatie is van velerlei invloed op het dagelijks functioneren met anderen. Een belangrijke factor die daaruit voortvloeit is de sociale interactie. Kinderen zonder autisme leren tijdens hun ontwikkeling betekenis te geven aan alles wat ze zien, horen, ruiken, voelen en proeven een betekenis te geven. Dit gebeurt door de opgedane indrukken te verbinden aan de context.

Op deze manier wordt betekenisverlening gegeven aan wat er gezegd of gebeurd is. Sociaal contact verlangt heel veel vaardigheden. Peter Vermeulen (Autisme als contextblindheid, Acco 2009) geeft aan welke vaardigheden daarbij essentieel zijn:

- gelaatsuitdrukkingen kunnen interpreteren
- emoties herkennen
- perspectiefneming: achterhalen van wat andere mensen zien, denken, voelen, verwachten, weten en wat daar de oorzaak van is
- de intenties of bedoelingen begrijpen van wat mensen doen en zeggen
- weten wat sociaal gedrag is
- sociaal probleemoplossend vermogen: gepast kennen reageren op andere mensen

Kinderen met autisme hebben moeite met het aanvoelen van sociale situatie. Dit kan zowel in een-op een situaties als in groepssituaties voorkomen. Kinderen met autisme laten hierdoor afwijkend gedrag zien. Door het gemis of beperking van bovenstaande vaardigheden begrijpt het kind met autisme niet wat er van hem verwacht wordt, hij heeft geen zicht op de situatie en weet niet hoe te handelen. Vaak zien we dit gedrag in de kring. Een kringgesprek doet een beroep op communicatieve- en sociale vaardigheden. Het zijn juist die vaardigheden waarbij een kind met autisme ernstige beperkingen ondervindt. Maar ook in andere situaties in de kleuterklas, de bouwhoek, de huishoek, het samenspelen, het uitvoeren van opdrachten ondervinden deze kinderen problemen, waardoor bepaald gedrag gesignaleerd wordt. In onderstaand schema wordt de ontwikkeling van de sociale interactie weergegeven van kinderen zonder autisme en kinderen met autisme.

leeftijd	Normale ontwikkeling	Vroege ontwikkeling bij autisme
2 mnd.	• draait het hoofd en ogen om geluid te zoeken • sociale glimlach	
6 mnd.	• reikt om opgepakt te worden • imiteert handelingen die door de ouder worden voorgedaan	• minder actief en eisend • een minderheid is zeer prikkelbaar • pover oogcontact • geen anticiperende sociale responsen
8 mnd.	• maakt onderscheid tussen ouders en vreemden • geef en neemspelletjes met volwassenen • kiekeboe spelletjes • toont voorwerpen aan ouder • wuift • huilt en/of kruipt moeder achterna als zij de kamer verlaat	• troosten is moeilijk • ongeveer 1/3de is zeer teruggetrokken en biedt zelfs actief weerstand tegen interacties • ongeveer 1/3de aanvaardt aandacht, maar is zelf weinig actief
12 mnd.	• imiteert meer en meer spel • speelt in heen- en -weergedrag zowel actieve als passieve rol • toename van visueel contact met volwassenen tijdens het spel	• vaak verminderde sociabiliteit bij beginnen met kruipen of lopen • geen onrust bij de scheiding met ouders

leeftijd	Normale ontwikkeling	Vroege ontwikkeling bij autisme
18 mnd.	• ontstaan van spel met leeftijdgenoten • tonen, geven en nemen van speeltjes • solitair of parallel spel	
24 mnd.	• korte episode van spel met leeftijdsgenootjes, vooral in verband met grof motorische activiteiten (elkaar achterna zitten)	• differentiatie tussen ouders en anderen, maar weinig expressie van affectie • geeft kus, knuffel, als erom wordt gevraagd, maar bij wijze van automatisme • onverschillig voor vreemde volwassen • soms intense angsten • verkiest alleen gelaten te worden
36 mnd.	• leert beurt wisselen en delen • episodes van volgehouden coöperatieve interacties • vindt het prettig zijn ouders te helpen bij huishoudelijke activiteiten • vindt het prettig gek te doen en anderen te imiteren • wil zijn/haar ouders behagen	• weinig of geen acceptatie van andere kinderen • excessieve prikkelbaarheid • begrijpt betekenis van straffen niet

leeftijd	Normale ontwikkeling	Vroege ontwikkeling bij autisme
48 mnd.	• onderhandelt over 'rollen' met leeftijdgenootjes bij toneelstukjes • heeft voorkeur voor bepaalde speelkameraadjes • sluit ongewenste kinderen verbaal van het spel uit (soms fysiek)	• begrijpt regels van spel met leeftijdgenootjes niet
60 mnd.	• meer georiënteerd op leeftijdgenoten dan op volwassenen • sterke interesses voor het sluiten van vriendschappen • ruzie maken met leeftijdgenootjes wordt gewoon • kan rol van leider omwisselen voor die van volger tijdens het spel met leeftijdgenootjes	• meer gericht op volwassen dan op leeftijdgenootjes • vaak meer sociale, maar vreemde interacties en eenrichtingsverkeer

(Schopler, E & Mesilov, G (Eds.): Diagnoses and assesment in autisme. New York, Plenum Press, 1988)

2.5 Spelontwikkeling

Niemand twijfelt eraan dat spel een cruciale factor is in de ontwikkeling van kinderen. Spel geeft plezier en draagt bij aan de ontwikkeling van verschillende aspecten in de ontwikkeling van het kind.

Een definitie van spel is moeilijk te geven. Verschil maken tussen bezigheden als op onderzoek uitgaan, werkjes maken en nieuwe dingen leren, lopen naast elkaar en door elkaar heen. In De wereld van het jonge kind (december 2001) worden 5 kenmerken genoemd die spel duidelijk karakteriseren.

Die karakteristieken zijn:
- betrokkenheid: hiermee wordt bedoeld de intensiviteit waarmee spelende kinderen opgaan in hun activiteit.
- het niet-letterlijke karakter van het spel (doen alsof): juf zegt 'niet spelen met je eten', dan wordt er bedoeld dat je iets anders doet met je eten dan letterlijk eten.
- het beleven van plezier aan het spel: zodra een kind vadertje móét zijn, zonder daar zin in te hebben, is de pret voorbij
- de vrije keuze
- intrinsieke motivatie: spelen omdat je er zin in hebt

Daarnaast hebben betrokkenheid en plezier bij georganiseerde activiteiten ook hun invloed op een positieve ontwikkeling. Zeker bij het jonge kind is de scheidingslijn tussen spelen en werken vaag, maar het doen alsof, de vrije keuze en de intrinsieke motivatie horen eerder bij spel dan bij werken/ het maken van opdrachten.
Ook is er een onderscheid tussen spelen met **ongevormde en gevormde materialen.**
Bij de gevormde materialen geeft het materiaal meestal aan wat ermee gedaan moet worden bijvoorbeeld constructiemateriaal, insteekmozaiek, puzzels en dergelijke.
Bij de ongevormde materialen, dit is **sensopatisch spel**, gaat het om bijvoorbeeld zand, water, verf, klei, maar ook scheerschuim, rijst, peulvruchten en dergelijke.
Hierbij staat het beleven van het materiaal voorop. Bij het sensopatisch spel staan vooral de zintuigen centraal. En wordt er een beroep gedaan op het voorstellingsvermogen.

Naarmate het kind meer groeit van peuter naar kleuter gaat het meer met andere kinderen samenspelen. In het begin is het associatief spel, herkenbaar aan het gaan meespelen waarbij het materiaal de verbindende factor is. Op den duur gaan ze, door het uitwisselen van

het materiaal met elkaar praten. Het spel wordt samenspel op het moment dat ze met elkaar overleggen, vertellen wat ze aan het doen zijn en hoe ze op elkaar kunnen aansluiten.
De mate van samenspel is afhankelijk van de leeftijd, het ontwikkelingsniveau en hoe vertrouwt ze met elkaar zijn. Daarnaast is ook de sociale status in de groep van invloed.

Spel is dus beleving, zintuiglijke prikkelverwerking, sociale en communicatieve vaardigheden!

2.5.1 Spel en autisme

Autisme begint zich voor het 3e levensjaar te manifesteren en enkele van de belangrijkste problemen ervan komen tot uiting in de vaardigheden die een niet autistisch kind leert voordat het 18 tot 24 maanden is. Inzicht in de vroege ontwikkeling is dus essentieel voor een vroegtijdige onderkenning van autisme.
Wat is anders en van invloed op de spelontwikkeling bij autisme?

Kinderen met autisme spelen vaak anders dan andere kinderen. Tevens, naast een ander verloop van de spelontwikkeling, verloopt het vaak ook vertraagd. Op welke manier de ontwikkeling anders verloopt is per kind verschillend en moet goed geobserveerd worden.

Zo zal bij het ene kind een andere prikkelverwerking het spel beïnvloeden. Bij een ander kind zal het communicatieve een belemmering zijn voor het samenspelen. En zo kan het blijven hangen in functioneel spel ervoor zorgen dat de speelhoek voor de kleuter met ASS een onveilige plek kan zijn. Er zijn ook kleuters die niet kunnen/willen knutselen bijvoorbeeld door een gebrek aan voorstellingsvermogen. Houd ook altijd het intelligentievermogen in de gaten.

Er zijn kinderen die geen fantasie of verbeelding hebben. Zij blijven vaak hangen in combinatiespel en/of functiespel.
En er zijn ook kinderen die zich zo in een rol inleven dat ze er zich moeilijk van kunnen los maken. Zie voorbeeld 2.
Tussen deze twee tegenpolen zitten heel veel variaties.

Voorbeeld 1:
Als Jeroen kiest om te spelen met, bijvoorbeeld de auto's, zet hij alles op een rijtje van groot naar klein. Varieert hij een keertje dan staat alles op kleur.

Voorbeeld 2:
Rond dierendag staat er een bench in de klas en Joris, met ASS-diagnose, is de puppy en zit erin. Als een andere leerling hem wil aaien, bijt hij haar stevig in haar hand. Joris was helemaal puppy geworden en tijdens het kringgesprek was er verteld dat puppy's soms bijten omdat ze nog niet geleerd hebben hoe ze dat zachtjes moeten doen.

Precies in het spelgedrag is het hele spectrum van autistische problemen terug te zien. Kinderen met autisme hebben een ander voorstellingsvermogen en betekenisverlening kost moeite.

Juf heeft in de bouwhoek een aantal bouwtekeningen neergelegd. Tom kiest vaak de bouwhoek en kiest zorgvuldig een tekening uit die hij keurig nabouwt. Is het bouwwerk voltooid dan is zijn spel klaar. Als een ander er iets aan wil toevoegen of erin veranderen wordt hij heel boos want dan, zoals hij letterlijk zegt: "Nu klopt het plaatje niet meer."

Wanneer je alleen al kijkt naar de mate van communicatie en het begrip van de abstracte onbeschreven regels van sociaal gedrag die je nodig hebt om te kunnen (samen) spelen, is het begrijpelijk dat kinderen met autisme het spel niet 'zomaar' kunnen spelen.
Het is met name de verbeelding die je helpt om de werkelijk wereld na te kunnen spelen. En het gebrek aan joint attention belemmert het sociale element bij samenspelen.
Samenspelen is nog moeilijker, want andere kinderen kunnen erg onvoorspelbaar zijn in de ogen van een kind met autisme. Ze bedenken iets waar jij je op moet aansluiten, gooien structuren door elkaar en leveren een overdaad aan prikkels aan. Waar moet je je dan op gaan richten en hoe hou je de controle? Als je die kinderen niet onder controle zijn te houden, dan kun je, als kind met autisme je, maar beter richten op het controleren van de omgeving. Je spullen in een vast rijtje ordenen, alles zijn eigen plekje geven, steeds dezelfde handeling ermee verrichten, dit zijn allemaal manieren om je eigen veiligheid te garanderen. Anderen noemen het misschien 'weerstand tegen veranderingen', maar voor jou is het zorgen voor een houvast in een chaotische wereld.

2.5.2 Verbeelding: de essentiële factor

Kinderen met autisme vinden het moeilijk om verder te kijken dan de communicatie, het sociaal gedrag en de symboliek die ze waarnemen. Ze kunnen de diepere betekenis ervan niet begrijpen. Je zou dus kunnen zeggen dat hun essentiële probleem met verbeelding te maken heeft. Vooral in de fase van het symbolisch spel of doen-alsof spel zie je de moeilijkheden van kinderen met autisme naar voren komen. Sommigen kunnen het leren, maar het gaat niet vanzelf zoals bij gewone kinderen. De letterlijke betekenis moet overstegen worden. Een blokje wordt een auto en papa een paard. De veranda wordt een schooltje en de keukentafel is plotseling een poppenziekenhuis.

Jeroen loopt door de klas. Hij loopt dwars door een heel parcours van raceautootjes die twee anderen met blokjes hebben gebouwd. Deze roepen dat hij het hele raceparcours kapot maakt. Jeroen zegt dat dat helemaal niet kan want dat past helemaal niet in de klas.

Bij kinderen met autisme is doen alsof moeilijk. Het is vaak aangeleerd of gekopieerd gedrag.

Saskia heeft geleerd hoe zij een pop zogenaamd een flesje melk geeft. Wanneer er een andere leerling het bewuste flesje in handen heeft wordt het dikke ruzie. Saskia moet de pop een flesje melk geven en dat moet altijd met dat flesje, anders klopt het spel niet meer.

Kinderen met autisme hebben het in deze fase soms moeilijk om fantasie te onderscheiden van realiteit. Dat zijn de kinderen die letterlijk geloven wat ze in sprookjes te horen krijgen of die nadoen wat ze in videofilmpjes gezien hebben. Het is bij deze kinderen goed om je verhaaltjes aan te passen aan hun manier van begrijpen en realistischer te maken, net als de woordenschat.

Karel wil echt nooit meer prikken. Hij raakt de prikpen zelfs niet meer aan. Als juf zijn prikopdracht voor zijn neus op tafel zet, schuift hij snel een eindje op. Op de vraag waarom hij niet wil prikken zegt hij eerst dat het een babywerkje is. Bij doorvragen blijkt hij dat hij bang is dat hij in zijn vinger zal prikken en dan heel lang moet gaan slapen. En zegt hij erbij: "Ik ben nog helemaal niet moe."

Onderzoek heeft aangetoond dat kinderen met autisme problemen hebben met het imiteren van gedrag van anderen. Niet dat ze niet imiteren; soms imiteren ze juist heel vaak en heel letterlijk het gedrag van anderen. Kinderen met autisme imiteren even vaak als andere kinderen, maar de kwaliteit van de imitaties is verschillend en het imiteren bij kinderen met autisme ontwikkelt zich vertraagd. Sommige kinderen met autisme kunnen meesterlijk imiteren. Ze spelen het spel van andere kinderen tot in het detail na. Of ze imiteren hun juf zo goed dat zij zelf aan het woord lijkt. Mocht een kind dit doen dan is het niet goed om dit te veel stimuleren om allerlei rollen of rollenspelletjes te spelen want dan is er een risico dat het kind hier erg in kan blijven hangen.

Ze zijn soms meesters in het imiteren van zangers of acteurs, maar imiteren is niet hetzelfde als creatief zijn! Waar een verkleedpartij voor gewone kinderen een feest kan zijn, is dat voor kinderen met autisme niet altijd het geval. Vaak is het zelfs zinloos en heel bedreigend.

Micha vindt het heel raar. Hij moet morgen naar school in zijn pyama. Het is voorleesmorgen en dan spelen ze dat ze net doen of ze gaan slapen en dat ze voor het slapen gaan een boekje voorgelezen krijgen. Daarna moeten ze hun gewone kleren aantrekken en dan gaan ze ontbijten. Ongerust vraagt hij zich af of hij ooit nog wel weer thuis komt of dat hij vanaf nu alles op school moet doen.

Eigenlijk zetten wij voortdurend de wereld op zijn kop en dat is nu uitgerekend zo moeilijk voor kinderen met autisme. Geen wonder dat zij zich gaan verzetten tegen de omgeving.

Sommige kinderen spelen wel, maar dan met materiaal dat voor hen veel duidelijker is, zoals Lego en Lego Technics. Het volgen van een bouwplan biedt hen houvast en met dit soort speelgoed wordt de wereld niet op zijn kop gezet. Ook met allerlei andere materialen werken met een voorbeeld is voor hen plezierig. Andere kinderen zijn urenlang zoet met bijvoorbeeld het lezen van boeken over planeten of dinosaurussen. Dit noemt men stereotype interesses, maar op een hoger niveau.

Stein vindt het heerlijk om met lego te spelen. Hij heeft maakt meestal hetzelfde bouwwerk en weet precies welke blokjes hij nodig heeft. Plotseling is er heel veel tumult en Stein raakt helemaal over zijn toeren. Hij gilt en huilt en juf kan net voorkomen dat hij de jongen die ook met de lego bezig is, gaat bijten. De oorzaak is dat Stein precies een plaatje in zijn hoofd heeft welke steentjes hij nodig heeft voor zijn bouwwerk en dat de ander een steentje heeft afgepakt. De ander is zich van geen kwaad bewust, hij pakt alleen een legosteentje uit de bak. Meer niet!

Kinderen gaan nieuwe (spel)materialen onderzoeken, omdat ze nieuwsgierig zijn. Kinderen met autisme lijken soms minder nieuwsgierig en hebben een minder grote ontdekkingsdrang. Ze houden doorgaans meer van het gekende en het voorspelbare. De invloed daarvan wordt teruggezien in de hele spelontwikkeling. Kinderen met autisme hebben de neiging minder te experimenteren en bij het vertrouwde te blijven. Dat betekent dat de volwassene een meer directe rol moet aannemen en het kind kennis moet laten maken met verschillende materialen en spelactiviteiten. Ook het durven variëren moet meer direct gestimuleerd worden.

In onderstaand schema is de normale ontwikkeling van het spel en de spelontwikkeling van het autistische kind naast elkaar gezet. Om het afwijkende spel te kunnen onderkennen/ herkennen is het van belang om de normale ontwikkeling te weten.

	Normale ontwikkeling	Spelontwikkeling bij autistische kinderen
Fase 1	Spelend manipuleren	Spelend manipuleren
tot 1 jaar	• bij zichzelf experimenteren met alle mogelijke instrumenten (handen, voeten,…..) • veel in de mond stoppen om te ontdekken • al spelend dingen eigen maken	• minder experimenteren • vaak herhaling • in dezelfde bewegingen, handelingen blijven hangen • manipuleren speeltjes niet in hun geheel, details zijn belangrijk

Fase 2	Combinatiespel	Combinatiespel
tot 2 jaar	• twee voorwerpen met elkaar in verband brengen en tegen elkaar kloppen of in elkaar stoppen • eerste constructies maken (bijvoorbeeld één toren) • betekenissen toe gaan kennen	• minder variaties • zinvolle combinaties ontbreken of maken vaak dezelfde combinaties
Fase 3	Functioneel spel	Functioneel spel
vanaf 2 jaar	• concrete handelingen imiteren en uitvoeren, gericht op objecten, gericht op zichzelf, gericht op de pop, gericht op andere handelingen (bijv. kop en schotel, haren kammen, gezicht van de pop wassen, haren van mama kammen)	• beperktere functionele handelingen • stereotiepe manier van omgaan met speelgoed • weinig imitatiedrang • veel herhaling • vaak niet meer dan aangeleerd of gekopieerd spel
Fase 4	Symbolisch spel	Symbolisch spel
vanaf 2 jaar	• doen alsof, steeds meer verbeelding • spel wordt complexer en ingewikkelder • voorwerpen / personen een andere functie geven (blokje is een auto, tak is een geweer,….)	• zeer beperkt aanwezig vaak aangeleerd of gekopieerd • vaak blijft enkel het aangeleerde en herhaalt dit zich steeds

Fase 5	Sociaal spel	Sociaal spel
vanaf 4 jaar	• zaken zoals beurtrol, regels naleven, inleven,.....komen aan de orde	• vaak afwezig of zoals is aangeleerd

2.5.3 Zintuiglijke prikkelverwerking en spel

Het belang van zintuiglijke ervaringen staat onomstotelijk vast. De zintuigen – of sensoren zijn organen die prikkels ontvangen die binnen het lichaam kunnen ontstaan of van buiten het lichaam naar binnenkomen. Al deze informatie wordt naar de hersenen gestuurd en in het geheugen opgeslagen. Het is een heel proces waarin het kind leert alle prikkels van elkaar te onderscheiden en te plaatsen. Dit proces heet sensorische integratie: een aangeboren vermogen om verbanden te leggen tussen wat je ziet, voelt, ruikt, proeft en hoort. Het zorgt ervoor dat je kunt praten over een gele bal, een zacht gekookt eitje, hoog schommelen. Ook zonder het ter plekke te ervaren.

We onderscheiden:
      prikkels van buiten het organisme
      voor veraf: gezichtsvermogen
                    gehoor
                    reukzin
      voor dichtbij: smaak
                    tastzin

      prikkelverwerking binnen in het lichaam:
      proprioceptoren (gerelateerd aan houding en beweging van het lichaam) vestibulaire systeem (registreert de bewegingen en veranderingen in de stand van het hoofd)

Het vermogen om te zien of te horen houdt de vaardigheid in om visuele en auditieve prikkels op te vangen, maar betekent niet dat die ook begrepen worden. Om tot begrip te komen heeft het kind de interactie met zijn omgeving nodig. Het is een heel proces om te leren hoe de sensorische organen te leren gebruiken en hoe de sensorische beelden betekenisvol te kunnen verbinden. Als al die waarnemingsprocessen goed functioneren, kan het kind betekenis geven aan zijn omgeving. (Bogdashina, 2004).

Het horen van een bel thuis betekent dat er iemand voor de deur staat.
Het horen van het belletje in de klas betekent dat je naar juf moet luisteren.

Hoe weet je nu dat een kopje een kopje is? Je ziet een voorwerp, pakt het op, bekijkt het, betast het, ruikt eraan, houdt het tegen je lippen. Dan zegt mama "ja, dat is een beker, daar gaan we je melk in doen". Zo wordt er betekenis verleend aan een voorwerp dat het kind in handen heeft. Deze situatie zal zich vaker voordoen in verschillende contexten. (de ene keer met limonade in de beker en de andere keer met melk) Daarmee ontstaat er een betekenisverlening die boven de context uitstijgt en de begripsvorming uitbreidt.

Wat nu als er sprake is van een verstoord zintuiglijke input?
Dat zal leiden tot een verstoorde informatie en een andere betekenisverlening. Als de kleuter andere betekenis geeft aan dat wat hij ziet, hoort, voelt zal het spel er ook anders uit zien.

Joris vindt het vreselijk om tikkertje te spelen. Iedere keer als hij wordt getikt loopt hij huilend naar de juf en zegt dat de ander hem heeft geslagen. Door zijn hypergevoeligheid op het tactiele systeem ervaart hij het tikje als een harde klap.

Maar een andere keer is de harde klap van een klasgenootje die vindt dat Joris vervelend is.
Het verschil in betekenis van dezelfde tactiele ervaring is voor een kind met autisme onduidelijk.

Uit een verscheidenheid aan bronnen is bekend dat veel kinderen met autisme ongewone zintuiglijke ervaringen hebben. Deze ervaringen kunnen voortkomen uit een hyper- of hypogevoeligheid, fluctuaties tussen de verschillende volumes van waarneming, moeilijkheden met het interpreteren van de gegevens van een zintuigen en nog veel meer andere oorzaken. Vaak weten kinderen met autisme niet dat bij hen de waarneming anders verloopt dan bij de niet autistische kinderen. Het gevolg van deze andere manier van waarnemen kan maken dat de wereld intimiderend, angstaanjagend en verwarrend wordt.

Nanja valt keihard op haar knieën. Juf schrikt ervan en loopt snel naar haar toe. Haar beide knieën zijn behoorlijk geschaafd, maar Nanja staat op klopt haar kleren af en rent verder. Door de hypogevoeligheid op haar tactiele systeem ervaart Nanja niet de pijn die wij wel zouden voelen.

Het leren begrijpen en kunnen ondersteunen wordt nog ingewikkelder omdat bij kinderen met autisme niemand precies dezelfde patronen van sensorische perceptuele ervaringen heeft. Gelukkig is er door getuigenissen van mensen met autisme en nauwkeurige observaties van kinderen met autisme een mogelijkheid ontstaan om autistische waarneming van de wereld te kunnen onderscheiden en, waar mogelijk, ondersteuning te bieden.

Lastig zijn de momenten dat er sprake is van fluctuatie van de prikkel. Hierbij kan het kind het ene moment hypergevoelig zijn voor een prikkel, vervolgens geen hinder ondervinden van diezelfde prikkel of juist op zoek gaan naar die prikkel omdat er dan sprake is van hypogevoeligheid.

In de kring wordt een muziekles gegeven waarbij veel muziekinstrumenten gebruikt worden. De trom, bellen, triangels, enzovoort, zorgen voor een boel lawaai. Iedereen doet enthousiast mee, behalve Patrick. Hij zit met zijn vingers in zijn oren en roept dat de les nu klaar moet zijn.
De volgende dag zit de groep bij de maandsluiting in de aula. Er wordt gedanst en gezongen en de muziek schalt door de ruimte. Patrick doet enthousiast mee en heeft veel plezier.
's Middags leest juf een verhaaltje voor. Tijdens het lezen zit Patrick geluiden te maken, liedjes te zingen. Juf krijgt het niet voor elkaar om hem stil te laten luisteren.

Bij kinderen met autisme kunnen de zintuigelijke waarnemingen, door een andere manier van verwerking van deze waarnemingen, door de hersenen op een heel andere wijze worden geïnterpreteerd. Het zou hier te ver voeren om daar heel gedetailleerd op in te gaan. Wel geven we een aantal voorbeelden die kunnen worden waargenomen wanneer er sprake is van een andere waarneming.

Voorbeeld:
Als de moeder van Jos 's morgens tegen hem zegt dat hij zijn jas aan moet en dicht moet doen, doet hij dat de hele dag. Ook wanneer het 's middags warm is en iedereen zonder jas aan het buitenspelen is, doet hij zijn jas aan en tot bovenaan toe dicht.

Uitleg:
Jos is hyposensitief op zijn tactiele systeem en zijn hersenen registreren onvoldoende de warmte/ koude prikkels. Bij deze kinderen moet altijd goed opgelet worden met warm water omdat ook daarbij het gevoel van warmte anders wordt waargenomen.

Voorbeeld:
Danny gaat een poppetje tekenen. Zij begint met een rondje en tekent daarnaast twee rondjes, een driehoekje en een streep. "Kijk'" zegt ze, "het poppetje lacht".

Uitleg:
Danny tekent vanuit haar gefragmenteerde waarneming en kan daardoor geen totaalbeeld opbouwen tot zinvolle eenheden.
Het blijft vaak een verzameling kleine stukjes. Dit wordt ook vaak teruggezien in de manier van kleien.

Voorbeeld:
Mieke heeft in de huishoek gespeeld en moet nu gaan opruimen. Juf zegt dat zij de poppen moet opruimen en de verkleedkleren in de kist moet doen. Mieke blijft staan en terwijl de anderen gaan opruimen doet zij niets. Juf wil net de opdracht gaan herhalen als Mieke de poppen bij elkaar begint te zoeken.

Uitleg:
Mieke's verwerking van de auditieve opdracht verloopt vertraagd. De auditieve prikkels komen gefragmenteerd binnen. Gevolg daarvan is dat het haar meer tijd en moeite kost om de opdracht te interpreteren en deze vervolgens om te zetten in een handeling.

Voorbeeld:
Johan vindt het moeilijk om buiten mee te doen met renspelletjes, spelen op het klimrek en in de gymzaal zal hij nooit voor het springkussen of de trampoline kiezen. Ergens overheen stappen kost hem zichtbaar veel moeite en hij vindt het fijn als iemand hem daarbij vasthoudt.

Uitleg:
Johan is hypergevoelig op zijn vestibulaire (spieren en gewrichten) systeem. Hij heeft moeite met inschatten of zijn eigen lijf of de omgeving beweegt. Daarom heeft Johan een grote voorkeur voor niet bewegende ondergrond. Deze kinderen zijn vaak ook bang om te duikelen of om aan de ringen te zwaaien.

Vaak zie je dat kinderen met autisme strategieën hebben ontwikkeld om te kunnen overleven in een wereld waar ze worden overgoten met sensorische informatie.
Als de stroom sensorische informatie niet meer verwerkt kan worden, dan zijn er kinderen die soms zelfs alle sensorische kanalen stilgelegd hebben. Veel kinderen met autisme komen bij de KNO- arts terecht omdat zij niet op geluid reageren. Echter is hun gehoor vaak scherper dan gemiddeld, maar ter bescherming hebben ze zichzelf aangeleerd het uit te schakelen op het moment dat zij overbelasting ervaren.

Wanneer er vermoedens zijn van een andere prikkelverwerking en er is behoefte aan meer inzicht om de leerling beter te kunnen begeleiden, dan is verstandig de ouders te adviseren het kind aan te melden bij een praktijk waar de kennis is op het gebied van sensorische integratie en therapie geboden wordt. Vaak zijn dit praktijken voor fysiotherapie of logopedie.

Samenvatting

Het spelen heeft een belangrijke rol in de persoonlijkheidsontwikkeling van het kind. Het is van invloed op alle ontwikkelingsgebieden: cognitief, sociaal- emotioneel, motorisch. Het kind leert door middel van spelen nadenken over dingen, plannen en organiseren (executieve functies). Het gaat zijn omgeving verkennen en wordt uitgedaagd om problemen op te lossen en hoe met anderen om te gaan.

Door te klimmen, te klauteren, te rennen wordt de grove motoriek gestimuleerd en leert het zijn lichaam kennen ten opzichte van zijn leefruimte. Het leert zijn fysieke grens te ontdekken en waar nodig alternatieven te zoeken. Knutselen, spelen met constructiemateriaal, tekenen beïnvloeden de fijne motoriek en prikkelen het ruimtelijk inzicht.

Met anderen spelen leidt tot groeiend inzicht in de eigen emoties en in die van de ander. Het doen-alsof-spel geeft de gelegenheid je voor te doen als iemand anders en daardoor te ervaren hoe iemand anders zich voelt in een bepaalde situatie. Het doet een beroep op de Theorie of Mind, maar tevens op het verbeeldend vermogen.

Bij het samenspelen maakt het kind zich vele sociale vaardigheden eigen, vooral bij het rollenspel. Het geeft ook de gelegenheid te experimenteren met gedrag wat het normaal gesproken niet aandurft. Tenslotte, zoals al werd aangegeven, is het spel ook van invloed op de taalvaardigheid en de communicatieve vaardigheden. Om te kunnen samen spelen moet je kunnen overleggen en de ander duidelijk kunnen uitleggen wat je ideeën en plannen zijn en kunnen participeren op wat de ander jou wil vertellen.

Deze samenvatting geeft duidelijk de items aan, waar een kleuter met autisme problemen mee heeft. Deze items zitten aan de binnenkant en zijn aan de buitenkant moeilijk te zien. Pas bij goede observaties wordt dit duidelijk.

Deze verborgen items belemmeren de persoonlijkheidsontwikkeling van de kleuter met autisme. Belangrijk is om dit probleem te signaleren, zodat goed begrip en een goede begeleiding van de kleuter mogelijk is.

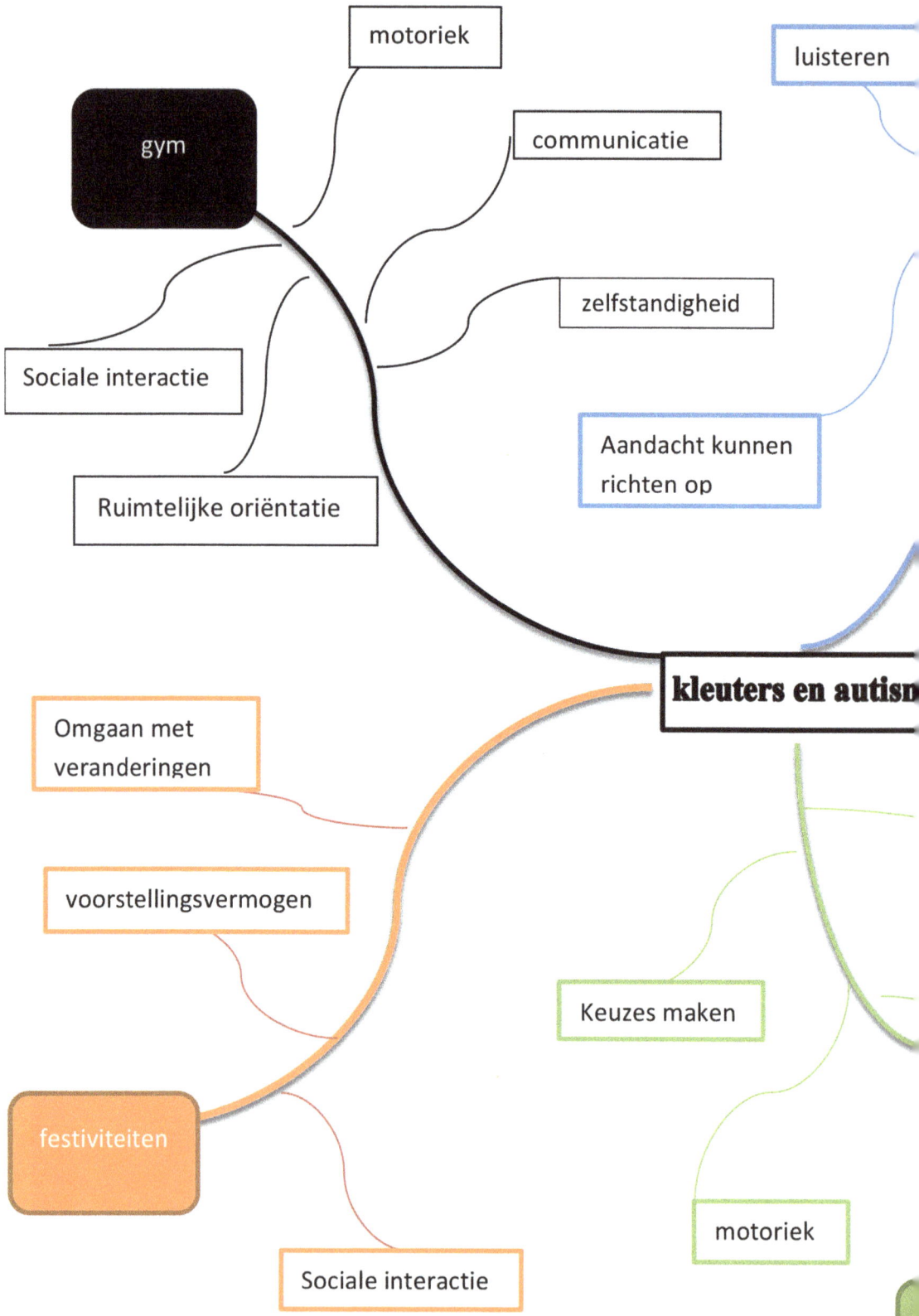

motoriek

luisteren

gym

communicatie

zelfstandigheid

Sociale interactie

Aandacht kunnen
richten op

Ruimtelijke oriëntatie

kleuters en autism

Omgaan met
veranderingen

voorstellingsvermogen

Keuzes maken

festiviteiten

motoriek

Sociale interactie

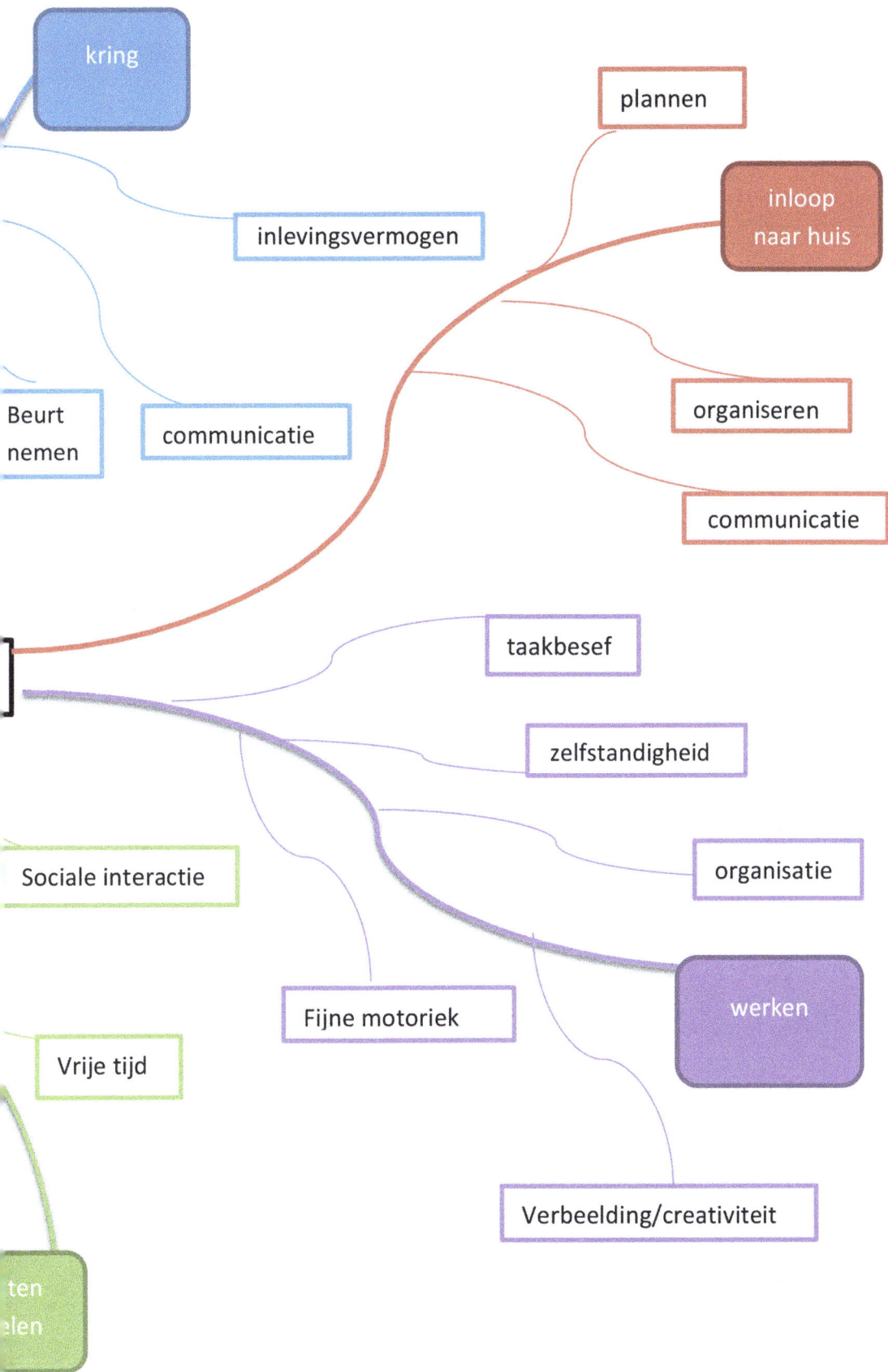

kring

plannen

inlevingsvermogen

inloop
naar huis

Beurt
nemen

communicatie

organiseren

communicatie

taakbesef

zelfstandigheid

Sociale interactie

organisatie

werken

Fijne motoriek

Vrije tijd

Verbeelding/creativiteit

ten
elen

3. De dagelijkse praktijk in een kleuterklas voor een kind met autisme

Inleiding
De kleuter ontwikkelt zich via het spel. In het spel leert het kind betekenis te geven aan de wereld om hem heen. Voor de kleuter met autisme verloopt dit proces heel ingewikkeld.

Na al die theorieën is het de kunst hoe je dit kunt toepassen in de praktijk.

Er zijn verschillende technieken. In dit praktijkgedeelte maken we vooral gebruik van het visualiseren van de handelingen. Op deze manier wordt de betekenisverlening ondersteund en verduidelijkt.

Hoe kunnen we ervoor zorgen dat de kleuter weet:

Wat	hij moet gaan doen
Waar	hij iets moet gaan doen
Wanneer	hij iets moet gaan doen
Met wie	hij iets moet gaan doen
Hoe	hij iets moet gaan doen

Dit doen we vooral omdat we weten dat autisme een informatieverwerkingsstoornis is.
En dan gaat het vooral om de visuele ondersteuning bij communicatie: een plaatje bij een praatje.

Het gaat erom dat de leerling het gesproken woord kan omzetten naar een handeling.
Dan moet je je daar een voorstelling van kunnen maken.
En kinderen met autisme hebben vaak een beperkt voorstellingsvermogen.
Daarentegen is hun sterke kant: een visueel beeld onthouden.
Dus daar maken we met visualisatie gebruik van.

Van Literatuur over autisme naar de praktijksituatie

Wat betekent dit voor het praktisch handelen in de kleuterklas? Er zijn veel verschillende situaties, waarbij een flexibel handelen van de leerkracht gevraagd wordt. Om het handelen in concrete handvatten aan te bieden, is het belangrijk om te weten welk gedrag je de leerling wil leren.

Hier volgt een stappenplan:
1 Beschrijf het concrete gedrag van de leerling in de situatie die veranderd zou moeten worden.
2 Maak een hypothese wat de oorzaak van dit gedrag zou kunnen zijn. (terugblik naar de theorie)
3 Beschrijf het begin en het eindpunt van het leerproces.
4 Visualiseer dit voor het kind. (beeldverhaal)
5 Hoe , wanneer en wie gaat dit intrainen met de leerling?

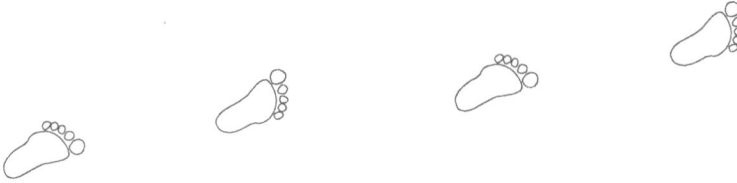

Stappen die je mogelijk kunt volgen om tot een specifiek plan te komen:

1   Beschrijf het concrete gedrag van de leerling.
Hierbij benoem je het gedrag wat je ziet en hoort, dus geen interpretaties .

Bijvoorbeeld de leerling komt de klas 's morgens binnen met de jas aan en glijdt over de vloer, terwijl hij roept: "Hoera"

Hier worden al verschillende gedragingen genoemd:
- Het binnen komen met de jas aan.
- Het glijden over de vloer.
- Roept: "Hoera!"

2   Daarna ga je bekijken wat de oorzaak zou kunnen zijn.
(Soms is het handiger om dit met iemand te bespreken, zodat je niet te veel aan je eigen zienswijze vast zit.)

Dat is soms wel even een puzzel. Want het is niet altijd direct duidelijk wat de reden/oorzaak is van bepaald gedrag.

Mogelijke oorzaken naar aanleiding van bovengenoemd voorbeeld:
- De leerling weet niet wat hij moet doen als hij de school binnen komt.
- Het glijden heeft hij 1x gedaan, heeft daar een leuke reactie op gehad en blijft dit nu elke ochtend herhalen. Hij heeft oorzaak-gevolg aan elkaar geplakt: de klas binnen glijden en daarna als gevolg het lachen/vriendelijke gedrag van de ander.
- Het glijden kan ook een fijn gevoel van prikkelverwerking geven. Dit kan de reden van herhaling zijn.
Hij begroet iedereen op zijn manier en wil aangeven dat hij blij is.

3   **Begin en eindpunt van het leerproces bepalen.**
Bedenk dan wat het doel van je leerproces bij het kind moet zijn.

Voorbeelden:
- het kind leren om zelfstandig aan zijn taak te beginnen.
- of bij het binnenkomen eerst de jas ophangen aan de kapstok.
- of tijdens de kring stoppen met het duwen tegen de ander.

Zet voor jezelf het leerproces in een schema, zodat je goed overzicht krijgt wat er allemaal voor activiteiten/handelingen gebeuren van start tot stop.

Als je weet welk proces/traject de leerling moet leren, bekijk dan of er een moeilijk gedeelte in zit. Misschien moet je dit moeilijke stuk apart intrainen, voordat je het hele traject aanpakt. Bijvoorbeeld bij een creatieve opdracht kan het plakken veel problemen geven. Zorg dan dat je dit apart intraint, voordat je de hele werksituatie aanpakt. Het plakken is dan het eerste doel geworden.

Op elke vraag moet voor de kleuter een antwoord duidelijk zijn.

Start ——— Hoe? Met wie? Waar? Wat? Hoe lang? ——— **STOP**

(bijvoorbeeld knutselspullen pakken)   (opruimen)

Hoe?	Volgorde van de stappen van het knutselwerkje.
Met wie?	Belangrijk is dat er naast hem iemand zit, die het knutselwerkje zeker goed doet.
Waar?	Aan de knutseltafel.
Wat?	Voorbeeld van het resultaat
Hoe lang?	Werken tot de leerkracht de bel laat horen: einde werktijd.

Met welk onderdeel van dit hele traject heeft de kleuter problemen? Help hem alleen bij de handelingen die hij niet alleen kan. En wat is er voor nodig om hem deze activiteit wel zelfstandig te kunnen doen.

Alleen die stappen ga je visualiseren, want ... zelfstandigheid geeft zelfvertrouwen!

4   Stappen visualiseren
Gebruik hiervoor duidelijke picto's bijvoorbeeld van sclera. Maar soms is een andere afbeelding duidelijker, bijvoorbeeld van de kring:

Sclera en een andere

1   2   3   4

Laat deze handelingsvolgorde aan het kind zien en oefen dit samen. Dan plak je dit stappenkaartje bij zijn kapstok.

5   **Intrainen**
      Leg vast wie het kind begeleidt, bijvoorbeeld leerkracht,
      klassenassistent of buddy (klasgenoot)
      Wat wordt er ingetraind?
      Wanneer vindt het intrainen plaats?

Degene die het kind begeleidt, doorloopt samen de stappen
om de visualisatie daarna aan de kapstok te hangen. Soms is dit
voldoende en pikt het kind direct op wat er van hem verwacht
wordt.

Als dit niet zo gaat is backwards training misschien noodzakelijk.
Bij deze training doorloop je samen met de leerling het hele proces
met behulp van de visualisatie. Daarna gaat de kleuter de laatste
stap zelfstandig doen. Later de op een na laatste stap en de laatste.
De begeleiding gaat achterwaarts naar de beginsituatie, zodat de
leerling de handelingen zelfstandig kan doen.

Begin de training bij het eindpunt en maak stappen terug.
Voorbeeld beschreven bij punt 4: jas ophangen en in de kring
gaan zitten:

A   Laat de stappen van punt 1 t/m 4 aan het kind zien
      en doe de handelingen samen met het kind.
B   De volgende keer doe je alles samen vanaf punt 1 t/m
      3. Behalve de laatste stap: het kind loopt zelf met de
      picto in de hand naar zijn plaats in de kring.
C   Als dit goed gaat wordt de kleuter tot aan de deur
      lopen begeleid. Zelfstandig doet hij stap 3 en 4.
D   Stap 1 onder begeleiding, daarna zelfstandig
      stap 2, 3 en 4.
E   En als dit goed gaat wordt het kind bij het binnen
      komen opgevangen en geef je de kaart met de
      stappen in picto's aan het kind. Hij doet alles
      zelfstandig.

Gedragsverandering m.b.v. 3 tekeningen:
Wanneer je ongewenst gedrag wilt omzetten in gewenst gedrag kun je dat doen in een gesprek met behulp van 3 tekeningetjes. Dit gesprek gebeurt als het kind zich prettig voelt, dus niet als het ongewenste gedrag net gebeurd is.

In dit vak teken je het kind en benoemt daarbij wat hij wil.	In dit vak teken je wat het kind doet, met een rood kruis erdoor.	In dit vak teken je wat het kind gaat doen; gewenste gedrag.
Karel wil................. Bijvoorbeeld met Jasper spelen	Karel slaat Jasper	Karel vraagt............

Eerste tekening: **wil**
Tijdens een gesprekje met de kleuter moet je heel goed uitvragen wat hij echt wil. Wat wil hij bereiken met zijn handelen. Vermijd de vraag: "Waarom?"
Vraag naar feiten: Wat? Met wie? Waar? enzovoort.

Tweede tekening: **doet**
In het gesprek met de leerling benoem je het ongewenste gedrag zonder oordeel!
Bijvijvoorbeeld: "Oh, je slaat Karel want je wil met hem spelen". Het is niet de bedoeling dat het kind terecht gewezen wordt. Dat is al gepasseerd.

Derde tekening: **gewenste gedrag**
Deze tekening krijgt de meeste aandacht. Je benoemt het concrete gedrag wat de kleuter helpt om zijn doel te bereiken!
Haal er niet te veel bij, want dan wordt de situatie onduidelijk.

En nu de praktijkvoorbeelden……

Het praktijkgedeelte bevat verschillende voorbeelden.
Van elke activiteit in het dagrooster van groep 1 en 2 zijn enkele voorbeelden uitgewerkt. Elke situatie geeft een mogelijke oorzaak van het gedrag van de kleuter met ASS.

Het gedrag kan verschillende oorzaken hebben. Zo kan het zijn dat de oorzaak niet van dat moment is, maar van een gebeurtenis of een situatie ervoor, zelfs mogelijk van thuis of van onderweg naar school.

Daarom zijn observaties van het 'probleem' gedrag essentieel: wat is ervoor gebeurd en wat erna is gebeurd is zeker zo belangrijk. Zo kan gedrag van de volwassenen of van andere kinderen een belonend effect hebben.

De kleuter met ASS heeft moeite met het interpreteren van oorzaak-gevolg. (ToM-problematiek) Het houvast voor de leerling is het zien (visualisatie) van de feiten die elkaar opvolgen. Deze feitelijke gebeurtenissen plakt de leerling met ASS aan elkaar en geeft zo betekenis aan gedragingen van zichzelf en van de ander. De voorbeelden die uitgewerkt zijn, geven dus maar een idee, een suggestie. Het zijn enkel richtlijnen. Zo moet je steeds naar je eigen situatie kijken, welke aanpak het beste aansluit.

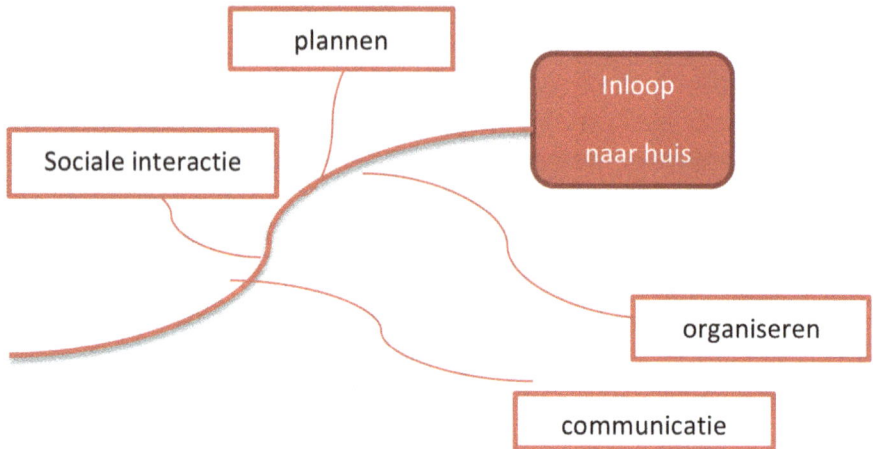

1. Inloop/naar huis

Wanneer de kleuters de klas binnen lopen of weer naar huis gaan is dat vaak een onduidelijke vrije situatie. Het betekent dat ze een ruimte in of uit gaan. En in dat gaan wordt van hen verwacht dat ze hun eigen handelen kunnen organiseren en plannen: wat ga ik doen en wat erna.

Deze activiteit gaat vaak gepaard met het in contact komen met klasgenoten. Daar hoort dus de sociale activiteit bij: elkaar begroeten en/of afscheid nemen. En daarna een gesprekje beginnen en/of op gang houden, waarbij ervaringen worden uitgewisseld. Hierbij speelt de communicatie een rol, met name de wederkerigheid.

Om dat dit zo'n complexe situatie voor het kind is, is regelhantering hier erg belangrijk. Groepsafspraken geven de kleuter met autisme houvast. Het gedrag van de klasgenoten kan hij imiteren. Ook is het makkelijker om een buddy in te zetten. Bijvoorbeeld een kind wat de kleuter met autisme opwacht in de gang en deze helpt met de handelingen die moeten gebeuren.

Communicatie
Begroeten van juf en de kinderen

Inleiding:
Als de kinderen de klas binnen komen zetten ze hun beker en fruit in een speciale bak. Daarna gaan ze in de kring zitten.

Voorbeeld:
Finn komt de klas binnen en zet zijn beker weg. Zijn moeder zwaait in de deuropening, maar Finn gaat direct op zijn stoel zitten en kijkt voor zich uit. Als kinderen iets tegen hem zeggen, zegt hij niets terug. Finn heeft altijd een heen en weer schriftje bij zich. Daarin staat wat er die avond/ochtend is gebeurd.

Wat is er aan de hand?
Finn heeft moeite met de communicatie in een vrije situatie. Hij weet niet wat en tegen wie hij wat moet zeggen.

Hoe pak ik dit aan?
Het is handig om hierbij gebruik te maken van een buddy. Een klasgenootje staat bij de bak waar de bekers in gezet worden. Als Finn de beker erin gezet heeft zegt de buddy: "Goede morgen Finn" en geeft hem het gesprekskaartje.

De eerste keer is het handig als de leerkracht erbij staat en tegen hem zegt dat hij ook "goede morgen" moet zeggen. Als Finn dit begrepen heeft en goede morgen zegt gaan de 2 kinderen allebei naar de tafel van de leerkracht en Finn geeft zijn heen en weer schriftje.

De leerkracht zegt: "Goede morgen" en geeft hetzelfde kaartje aan Finn. Als Finn niet direct goede morgen terug zegt, doet de buddy het voor. De leerkracht begint vragen te stellen uit het heen en weer schriftje. De leerkracht vraagt naar feiten. Dat geeft Finn houvast in de communicatie. De volgende dag gebeurt precies hetzelfde alleen staat de leerkracht nu 1 meter van hen (en de bak met bekers) vandaan. (backwards training). Weer later wacht de leerkracht aan zijn/haar bureau.

En wat daarna?

De volgende stap zou kunnen zijn dat Finn elke dag iets van thuis mee brengt. Finn neemt dit mee als hij in de kring gaat zitten. Het kind wat naast Finn in de kring zit, stelt vragen over datgene wat Finn heeft meegenomen. Het is belangrijk om een sociaal en communicatief vaardig kind naast Finn te zetten en voorinstructie te geven.

Inloop

Inleiding
Vanaf 8.30 tot 8.45 is het inloop van de kinderen. De regel is dat wanneer je naar de klas komt je rustig je jas ophangt, een spelletje uit de kast pakt en dan op een plekje aan het werk gaat. Wanneer Rob binnenkomt duurt het erg lang voordat hij rustig met zijn werkje bezig is.

Voorbeeld:
Rob dwaalt eerst met zijn jas nog aan door de klas. Wanneer zijn jas op de gang hangt (nadat de juf hem daarbij geholpen heeft) staat hij heel lang voor de kast. Hij krijgt vaak ruzie met een klasgenootje omdat die dan een werkje neemt dat hij wil hebben. Pas als de juf hem een werkje geeft gaat Rob zitten en gaat aan de slag.

Wat is er aan de hand?

Rob heeft meer duidelijkheid nodig wat er 's morgens van hem verwacht gaat worden. Het zou hem helpen als er een stappenplan gemaakt wordt, zodat het voor hem vooraf voorspelbaar wordt wat, waar, hoe, wat daarna.

Hoe pak ik dit aan?

Bespreek het stappenplan/visualisatie met Rob en ook met zijn ouders. Geef het mee aan de ouders zodat zij elke ochtend voor het naar schoolgaan dit met hem kunnen doornemen en meenemen. Op school hangen bij de deur de eerste twee picto's van het stappenplan. Bij zijn jas hangen de 3e en 4e picto. Het is voor Rob fijn wanneer hij de dag van te voren al op zijn tafel neer kan leggen wat hij de volgende ochtend bij binnenkomst gaat doen.

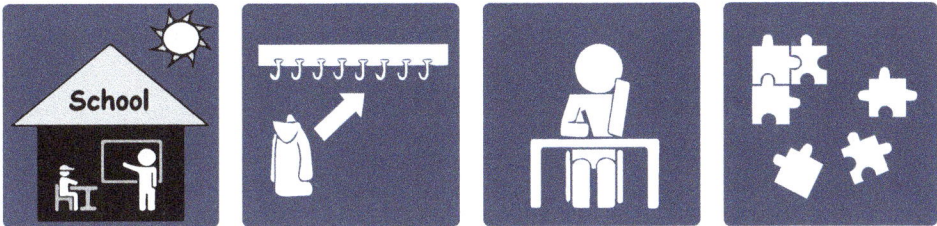

En wat daarna?

Als de begeleiders merken dat een stappenkaart invloed heeft op het zelfstandig functioneren van Rob, is het de bedoeling om dit meer te doen.
De leerkracht bekijkt bij welke activiteiten Rob nog meer begeleiding van de leerkracht nodig heeft. En bij die activiteiten gebruikt Rob ook voortaan een stappenplan. Steeds 1 stappenkaart tegelijk oefenen. Daarna weer de volgende activiteit onderzoeken.
Deze zelfstandigheid geeft Rob zelfvertrouwen. En pas als je je zelfvertrouwen terug hebt wil je nieuwe situaties leren.
Zo gaat Rob van leerkrachtafhankelijk naar middel-afhankelijk!!!

Naar huis

Inleiding
Het is 14:00 uur. Einde van de schooldag. Alle kleuters van groep 1/2 moeten hun jas aantrekken en met de juf naar de deur. De ouders staan buiten te wachten. De leerkracht roept groepjes kinderen en laat hen naar de gang gaan om hun jas aan te trekken.

Voorbeeld:
Wanneer Paul genoemd wordt om zijn jas aan te trekken staat hij op en loopt naar zijn lego-autootje. De juf zegt dat hij eerst zijn jas aan moet trekken. Paul pakt zijn lego-autootje en gaat met het autootje op de kast heen en weer rijden. Alle kinderen komen met hun jas aan weer terug in de klas. Als de juf naar buiten wil ziet zij dat Paul nog met zijn autootje speelt en zijn jas niet aanheeft. "Kom Paul trek snel je jas aan dan gaan we naar huis", zegt de leerkracht. Paul reageert niet. Het lijkt alsof hij doof is.

Wat is er aan de hand?

Paul heeft problemen met de schakelingen tussen de activiteiten. De schakeling naar jas aantrekken en naar huis is te snel gegaan en verbaal gegeven. Paul weet op dat moment niet wat hij moet doen. Het autootje staat in de looproute naar zijn jas, hij ziet dit en gaat ermee spelen. De verbale opdracht van jas aantrekken wordt niet meer verder verwerkt. Hij gaat spelen en vergeet wat de bedoeling was. Doordat spelen met zijn autootje voor hem een vertrouwde bezigheid is gaat hij op in zijn spelen en reageert hij niet meer op de (herhaalde) opdracht van de leerkracht.

Hoe pak ik dit aan?

Het is prettig om visuele ondersteuning te geven bij de opdracht 'jas, aantrekken, we gaan naar huis' zodat zij weten wat er gezegd is en wanneer de informatieverwerking vertraagd verloopt, kunnen zij terugpakken wat er ook alweer gezegd is. Als de visuele ondersteuning achterwege blijft is de kans groot, helemaal wanneer de wisseling niet vooraf aangekondigd is, dat de opdracht niet verwerkt wordt.

De leerkracht bespreekt deze stappenkaart met Paul. En de eerstvolgende keer bij het naar huis gaan legt ze de stappenkaart op zijn tafel. Wanneer Paul onderweg ergens blijft staan, geeft de leerkracht de stappenkaart aan hem en zegt er verder niets bij.

| 1 jas pakken | 2 rugzak/tas inpakken | 3 Paul naar huis |

En wat daarna?

1 Zodra de leerkracht de aankondiging geeft dat het tijd is om naar huis te gaan, laat zij Paul zelf de stappenkaart uit zijn kastje, van het bureau van de juf of van de kast in de buurt pakken.
Paul geeft zichzelf structuur bij welke verandering er komt, wat hij moet doen, waar hij het moet doen, hoe hij het gaat doen.

2 Wanneer dit werkt is het van belang om te kijken in welke situaties een visualisatie nodig is om de zelfstandigheid van Paul te stimuleren.

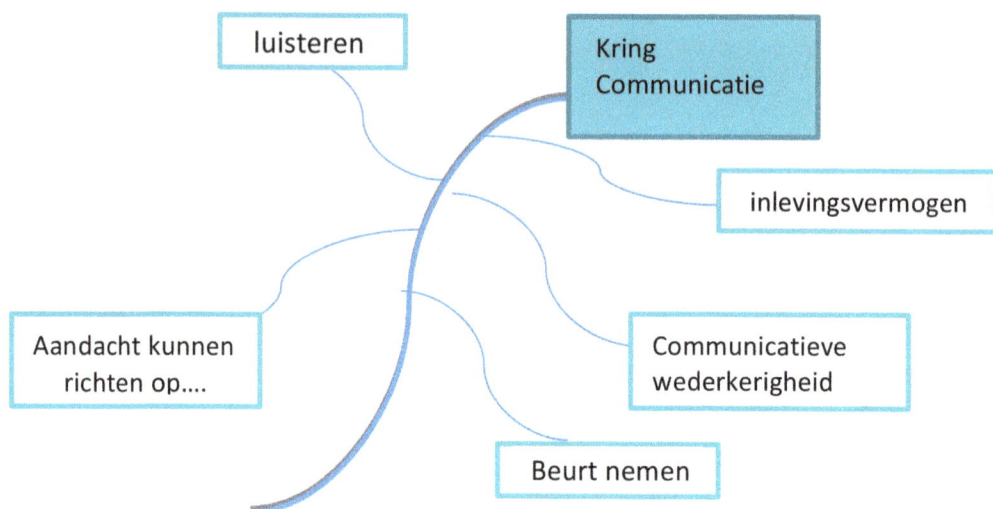

luisteren

Kring
Communicatie

inlevingsvermogen

Aandacht kunnen
richten op....

Communicatieve
wederkerigheid

Beurt nemen

2.

Kring

Afhankelijk van de soort kring staan verschillende vaardigheden centraal. Meestal komen de hierboven genoemde vaardigheden altijd wel aan bod.
Tijdens de kring wordt er een groot beroep gedaan op de communicatieve wederkerigheid. Het kind met autisme valt hierbij vaak op, omdat dit de haard is van zijn stoornis. Daarom is het belangrijk om uit de observatie te filteren wat het kind wel en niet beheerst. Zodat je ook goed weet waar het kind ondersteuning bij nodig heeft en welke vaardigheden getraind moeten worden.
Het is ook lastig omdat de vaardigheden nauw met elkaar en door elkaar verweven zitten.

Soms is het nodig het kind maar een kleine periode tijdens de kring deel te laten nemen, omdat er nog deelvaardigheden getraind moeten worden bijvoorbeeld het beurt nemen gekoppeld aan een cijfer. Dan kan je het cijfer gebruiken om het kind duidelijk te maken wanneer hij aan de beurt is.
Soms kan het kind zich nog niet focussen op een onderwerp zoals bijvoorbeeld dieren.

Hij begint dan steeds over iets anders en dat vraagt veel van de leerkracht, maar ook van de klasgenoten. Visualisatie is dan vaak nodig en soms zelf concrete materialen.

Communicatie heeft alles te maken met betekenis verlening, dat wil zeggen betekenis geven aan taal, maar ook betekenis kunnen verlenen aan de taal van de ander, namelijk wat voelt en wil de ander bij deze woorden. Daarbij is de ToM (Theory of Mind), essentieel! Dat wil zeggen dat de kleuter met ASS zich moet kunnen verplaatsen in de beleving van de ander.

Kring
Dennis weet niets in de kring te vertellen.

Inleiding
Tijdens de kring mogen 5 kinderen iets vertellen. Kinderen die iets willen vertellen steken in het begin hun vinger op als de leerkracht vraagt wie iets wil vertellen. Dan deelt de leerkracht 5 kaartjes uit met de cijfers 1 t/m 5 aan de kinderen. Zo weten zij precies wanneer ze aan de beurt zijn.

Voorbeeld:
Tijdens de kring vraagt de leerkracht wie er iets te vertellen heeft. Dennis steekt bijna elke dag zijn vinger op. Ook hij krijgt een kaartje met een cijfer. Als hij aan de beurt is, kijkt hij naar zijn kaartje en in het rond. Dennis vertelt niets. Ook niet op aandringen van de leerkracht.

Wat is er aan de hand?
Dennis heeft duidelijk problemen met de betekenis verlening van het kaartje met de cijfers. Daarbij kan het zijn dat hij niet weet wat hij wil vertellen.

Hoe pak ik dit aan?
Het is voor Dennis moeilijk om de weten wanneer en wat hij mag gaan vertellen.

Betekenisverlening:
Op de kaartjes met de cijfers moet ook een mond gevisualiseerd worden. Dan is het belangrijk dat tijdens de kring duidelijk wordt dat de mond betekent: je mag vertellen.

Wat?:

In het tekenschriftje hebben de ouders samen met Dennis een tekening gemaakt over een gebeurtenis in het weekend. Tijdens de kring krijgt Dennis een kaart met het cijfer 1 erop en een mond. Dennis krijgt het eerst de beurt. Als Dennis dit na enkele dagen begrijpt, gaat er een dag geen schriftje mee naar school. In de klas is een kaart met een mond en een kruis erdoor.

Dus :   Andere dag:

En wat daarna?

Een volgende stap zou kunnen zijn om het cijfer 2 te gaan gebruiken. Dan afwisselen met de cijfers en de kaart met : niet vertellen. Belangrijk is met de ouders steeds te overleggen wat de volgende stap is.

Vertelkring

Inleiding:
Het is maandagmorgen en de kinderen mogen over het weekend vertellen.

Voorbeeld:
Jos, een vijfjarige kleuter met autisme valt op door zijn gedrag in de kring. Als een ander kind iets aan het vertellen is praat Jos daar voortdurend doorheen. De leerkracht vertelt dat Jos nooit luistert en zich niet houdt aan de regels van de kring. Hij begint zomaar in het wilde weg iets te zeggen. Zijn verhalen sluiten nooit aan bij wat de andere kinderen vertellen. Een paar oudste kleuters laten blijken dat ze Jos erg vervelend vinden in de kring. Ze zeggen dat ook tegen Jos, maar hij gaat gewoon door met zijn eigen verhaal. De leerkracht zet hem af en toe buiten de kring, maar daar is hij niet van gediend: ook daar probeert hij nog van alles te roepen. Jos wordt als zeer storend ervaren.

Wat is er aan de hand?

Jos heeft zichtbaar veel problemen in deze kring. Er is sprake van onvermogen in de communicatie. Deze leiden tot frustratie, zowel bij Jos als bij de leerkracht en de andere kinderen. Jos laat daardoor storend gedrag zien. Maar dit storend gedrag heeft vele oorzaken. Jos mist de vaardigheid van beurtnemen en in de communicatie bij Jos is geen sprake van wederkerigheid. Bovendien mist hij de vaardigheid betreffende afstemming. Hij vertelt immers alleen maar zijn eigen verhaal. Hij snapt de sociale regels van de kring niet. Jos begrijpt ook niet waarom hij buiten de kring wordt gezet. Hij gaat immers gewoon door met zijn storend gedrag. Al met al veel onduidelijkheid voor Jos.

Hoe pak ik dit aan?

1 Het probleem met de wederkerigheid is niet concreet aan te pakken.
2 Het beurtnemen kun je gaan trainen.
   Hij wil graag iets vertellen, maar kent de regels niet. De belangrijkste hulpvraag van Jos is: leer mij de regels van de kring. Deze hulpvraag is het doel waaraan de eerstkomende tijd aan gewerkt moet worden.

Er wordt met Jos afgesproken dat hij bij het begin van de kring te horen krijgt wanneer hij aan de beurt is: 1ste 2de of 3de. Jos kent de cijfers en krijgt tijdens de kring een kaartje in zijn handen met het cijfer drie. Als het eerste kind aan de beurt is laat de leerkracht Jos een kaartje zien met het cijfer 1, bij de volgende verteller een kaartje met het cijfer 2 en dan het kaartje met het cijfer 3. Dit matcht met het kaartje dat Jos in zijn handen heeft. Jos weet nu dat hij aan de beurt is. Daarnaast is er, duidelijk zichtbaar voor Jos, een kaartje waarop een mond getekend staat met een rood kruis erdoor. Er is met Jos afgesproken dat als dit kaartje gebruikt wordt hij niets mag zeggen. Tegelijkertijd wordt met Jos afgesproken dat als hij klaar is met zijn verhaal hij naar de 'werktafel' gaat. Buiten de kring staat een tafel met daarop lego met voorbeelden om te maken, het favoriete speelgoed van Jos. Het vergt tijd om dit in te oefenen, maar uiteindelijk heeft Jos het door. Zijn storend gedrag wordt minder en hij gaat na het vertellen rustig naar zijn lego.

| 1 | | 2 | 3 |

| 3 | |

En wat daarna?

Een volgende stap zou kunnen zijn Jos te leren dat hij niet altijd hetzelfde verhaal gaat vertellen. Kinderen met autisme hebben vaak bepaalde voorkeuren voor onderwerpen. In het geval van Jos gaat het hierbij om achtbanen. Hij kent vele technische details over dit onderwerp en hij wil/kan alleen maar over achtbanen vertellen. Dat dit onderwerp niet altijd tot de verbeelding spreekt van de andere kinderen ligt voor de hand. Om dit probleem op te lossen wordt met de moeder van Jos afgesproken dat er gewerkt gaat worden met een heen-en-weer schriftje. Moeder schrijft hierin wat Jos heeft beleefd en de leerkracht bespreekt, kort voordat de kring gaat beginnen een van de onderwerpen die moeder heeft opgeschreven met Jos en spreekt met hem af dat hij daarover gaat vertellen.

Het kost Jos in het begin erg veel moeite om zich deze werkwijze eigen te maken, maar na verloop van tijd doet hij wat er van hem verwacht wordt. Het resultaat is minder storend gedrag.

Bij een kind dat graag tekent zou je hem thuis een tekening kunnen laten maken over het weekend, die hij in de kring laat zien en erover vertelt.

Als de kring over een bepaald onderwerp gaat, kun je Jos voor de kring een tekening laten maken over het onderwerp. Of een kleurplaat over het onderwerp laten inkleuren. Zo geef je structuur aan zijn gedachten voordat hij in de kring komt.

Prikkelverwerking tijdens de kring

Inleiding:
Simon komt de klas binnen rennen en laat zich op de grond vallen.
Dan staat hij op en rent rondjes en laat zich weer op de grond vallen.
Ondertussen gaat de groep in de kring zitten.
De leerkracht roept hem, maar hij reageert niet. De leerkracht gaat
naar hem toe, pakt zijn hand en zegt dat de kring begint. Hij loopt
mee naar zijn stoel.

Voorbeeld:
Simon zit in de kring. Hij steekt zijn vinger op om iets te vertellen en
hij krijgt direct de beurt. Hij lacht van oor tot oor, klapt een aantal
keren snel in zijn handen en begint te vertellen dat hij naar het
Aviodome is geweest. Dat hij een groot en een klein vliegtuig heeft
gezien en dat hij in het grote vliegtuig is geweest. Tijdens het praten
klapt hij enkele keren in zijn handen. Hij praat onduidelijk omdat
hij een slappe mondmotoriek heeft. Een ander kind is aan de beurt.
Hij trekt met zijn gezicht. Zijn handen frummelen aan een stuk door
nl. over zijn gezicht, over zijn buik (trui omhoog getrokken) en met
zijn handen in zijn broek. Het buurjongetje maakt contact door
heel zachtjes over de wang van Simon te aaien. Hij duwt de hand
weg. Daarna frummelt hij weer met zijn handen. Hij gaapt en maakt
blaasbewegingen met zijn mond.

Wat is er aan de hand?

Simon heeft duidelijk problemen met de zintuiglijke
prikkelverwerking namelijk onderprikkeling van de huid.
We herkennen dit aan het bevoelen van zijn eigen lichaam.
Ook door de slappe mondmotoriek en het trekken met zijn
mond. Dit compenseert hij door over zijn huid te wrijven en in
zijn handen klappen. Daarbij verdraagt hij de aanraking van
de ander niet, wat kan wijzen op overprikkeling als het
aanraken van de ander uit gaat.
Waarschijnlijk heeft het glijden over de vloer ook met de
prikkelverwerking te maken.
Op deze manier voelt hij zijn hele lichaam.

Hoe pak ik dit aan?

Het is voor deze leerling moeilijk om zich bewust te zijn van zijn lichaam. Om in rust te kunnen luisteren heeft hij misschien een verzwaringsvestje nodig
(via een kinderfysiotherapeut). Hierdoor is hij zich bewust van zijn lichaam.
Hij voelt concreet waar zijn buik, zijn schouders zitten. Dat geeft hem de rust om te kunnen luisteren. Leg eens een zwaar kussentje op zijn benen en observeer hoe hij daarop reageert: bijvoorbeeld meer rust in zijn lichaam. Het is handig om te zorgen dat de bovenkant van het kussen verschillende soort stofjes heeft, waardoor hij tijdens het luisteren erover kan wrijven. Dit komt tegemoet aan de onderprikkeling. Zo kan hij pas een luisterhouding aanleren.

Daarbij is het goed om te observeren wanneer Simon hier nog meer last heeft van de prikkelverwerking. Hoe is zijn werkhouding? Heeft de prikkelverwerking invloed op zijn concentratie? En hoe verloopt de gymles? Adviseer de ouders dan om de algehele prikkelverwerking te laten onderzoeken bij een speciale kinderfysiotherapeut.

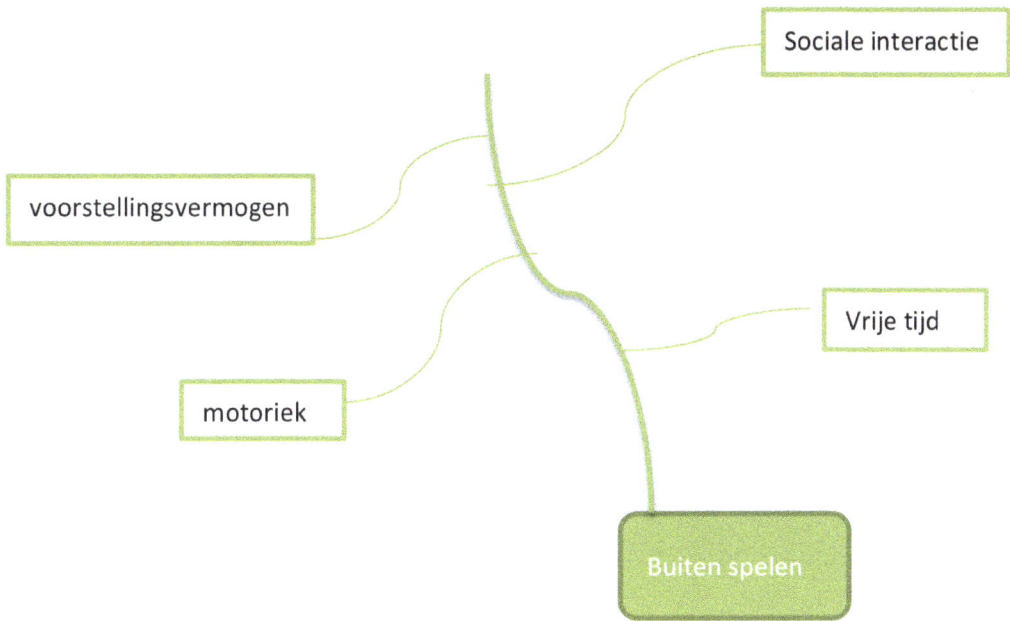

Sociale interactie

voorstellingsvermogen

Vrije tijd

motoriek

Buiten spelen

3.   Buiten spelen

Bij het buiten spelen wordt er een groot beroep gedaan op het invullen van 'lege tijd'. Met 'lege tijd' wordt een periode bedoeld waarbinnen weinig tot geen structuur is. Dit is voor kinderen met autisme heel lastig. Zij moeten dit zelf gaan invullen. Er wordt een groot beroep gedaan op het voorstellingsvermogen: de kleuter moet zich gaan voorstellen welke activiteit het gaat doen. En daarbij invoelen of hij deze activiteit leuk vindt; welke beleving heeft hij erbij. Ook zijn er andere kinderen die zich met hem bemoeien, waar hij dan weer op moet reageren.

- Soms is het het makkelijkste voor deze leerling om heel bepalend te zijn in de activiteiten die hij wil doen. En daar soms heel dwangmatig in te zijn. Dit geeft hem zelf namelijk vertrouwen in wat er gebeurt.

- Ook kan een rol spelen dat sommige bewegingen, dus de motoriek bepalend is voor de keuze, zoals schommelen. De heen en weer beweging (prikkelbeleving) geeft ontspanning, die dwangmatig nodig is geworden.

- Of het alleen maar rond willen fietsen, soms in het wilde weg. Niets anders kunnen zien, alleen de beweging van het fietsen voelen.

- Sommige kleuters gaan bovenop een klimrek zitten, zodat ze het hele plein goed kunnen overzien. Dit geeft hen dan rust/ontspanning.

Enkele keren (!!!) observeren van het pleingedrag kan veel duidelijkheid geven. Hypotheses hieruit geven soms ook verklaringen over gedrag/situaties in de klas.

Eenzijdige activiteit

Inleiding
De klas van Abel speelt buiten. De juf heeft veel problemen met Abel want hij wil alleen maar steppen en dat kan niet altijd want ook andere kinderen uit de klas van Abel en de kinderen van de andere klassen willen ook op de step.

Voorbeeld:
Abel wil alleen maar op de rode step als er buiten gespeeld wordt. Wanneer er een ander kind op 'zijn' step rijdt, dan loopt hij ernaar toe en duwt het kind er hardhandig vanaf. Als het hem niet lukt ontstaat er grote ruzie. Hij krijgt zelf harde klappen, duwen en schoppen te verduren. Daar komt hij niet over klagen.

Wat is er aan de hand?

Abel weet geen andere manier van spelen te bedenken. Hij heeft buitenspelen gekoppeld aan het rijden op de rode step. Zodra dat niet kan, weet hij geen alternatieven te bedenken. Daarnaast weet Abel niet hoe hij moet vragen of hij op de step mag.

Hoe pak ik dit aan?

1. Alternatieve spelletjes aanbieden, zodat Abel meer speel-mogelijkheden heeft. Dit kan door te kijken wat hij nog meer zou willen en zou kunnen. Deze spelletjes met hem inoefenen, zodat hij weet hoe hij ermee kan spelen wanneer hij buiten komt.

2. Abel moet eerst leren dat hij een bepaalde tijd mag steppen. Met de time-timer aangeven hoe lang hij mag steppen. Geef ook direct aan wat hij daarna gaat doen bijvoorbeeld schommelen.

3.

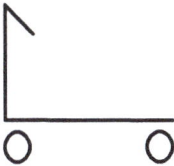

4. Maak de tijd van steppen steeds korter. Draai dan de activiteiten om: eerst schommelen en dan steppen. En daarna de nieuw aangeleerde spelen eerst en als afsluiting steeds de step.

En wat daarna?

Leer Abel vragen om de step.

Mag ik op de step?

En wat daarna?

Leer Abel wat hij moet doen zodra hij niet op de step kan.

Voorbeeld

Mag ik op de step?

JA

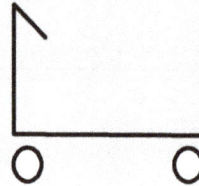

Ik kan steppen

NEE

Ik kan niet steppen, ik ga fietsen

Tikkertje spelen op het plein

Inleiding:
De kinderen van de klas van Pelle spelen tikkertje op het plein.
Pelle doet mee.

De juf vindt Pelle erg kleinzerig, hij huilt snel en vaak. In een gesprek geeft ze aan dat Pelle op een negatieve manier aandacht probeert te trekken van haar.

Pelle komt huilend naar de juf en zegt dan dat andere kinderen hem slaan of duwen. Soms slaat Pelle heel hard terug.
Als zijn juf de andere kleuters vraagt wat er is gebeurd geven zij aan dat Pelle niet wordt geslagen maar dat zij tikkertje spelen.
Zelf heeft de juf gezien dat de kinderen tikkertje speelden en dat Pelle leuk meedeed tot hij werd getikt. Zij geeft aan dat het er op lijkt dat hij niet tegen zijn verlies kan en moeite heeft met samenspelen.

Wat is er aan de hand?

Betekenisverlening:
Pelle snapt het spel tikkertje helemaal niet. Hij rent achter de kinderen aan en vindt dit leuk, totdat hij getikt wordt. Pelle schrikt van de aanraking en hij weet niet wat de tik betekent. Hij snapt niet dat degene die getikt is dan de tikker is en een ander kind moet proberen te tikken.

Hoe pak ik dit aan?

Geef de tikker een zachte handschoen aan. De tikker geeft de handschoen over aan de volgende tikker, waardoor de betekenis verlening van het spel duidelijk wordt.

Het is goed om dit met hem te leren in een groepje van ongeveer 3 of 4 kinderen. Dit is voor hem te overzien. Dit leermoment is niet tussen de andere kinderen op het plein, maar op een leeg plein. Op deze manier leert Pelle de situatie te overzien en ziet wat er tussen de kinderen gebeurt: de een wordt getikt, de handschoen wordt overgegeven aan de getikte en deze gaat opnieuw proberen iemand te tikken. Als Pelle dit geleerd heeft kan hij dit spel later spelen op een drukker plein.

Oplossen van ruzies

Inleiding:
Sjoerd rent vaak rond op het plein tijdens het buiten spelen. En vaak zit hij op het klimrek naar andere kinderen te kijken. Hij springt tussen ruzie makende kinderen en slaat degene die boos/heftig reageert naar de ander.

Voorbeeld
Bij het begin van de speeltijd rent Sjoerd over het plein. Tijdens het lopen passeert hij enkele kinderen. Hij loopt een rondje om hen heen. En als er dan door een jongen hard geroepen wordt naar een andere jongen, staat Sjoerd er ineens tussen en duwt de schreeuwende jongen op de grond. Sjoerd roept: "Blijf van hem af".

Wat is er aan de hand?

Sjoerd kan de sociale situatie niet overzien. Hij interpreteert 'het boos roepen naar een ander' als een conflict en hij wil dat de ruzie stopt. (Waarschijnlijk speelt zijn eigen angst hierbij een rol). Sjoerd kent maar 1 oplossingsstrategie en dat is: het boze kind aanvallen.
Belangrijk is dat Sjoerd een andere oplossingsstrategie leert.

Hoe pak ik dit aan?

Het is belangrijk dit met Sjoerd te bespreken op het moment dat hij niet terecht gewezen hoeft te worden op zijn gedrag, dus als het goed met hem gaat.
Dit gesprek wordt ondersteund met 3 tekeningetjes.

1 wat Sjoerd wil
2 wat Sjoerd doet
3 nieuwe oplossingsstrategie

Sjoerd ziet ruzie
Sjoerd wil dat de ruzie stopt

Sjoerd duwt de ander weg

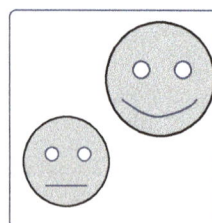

Sjoerd haalt juf. Hoera!

Omgaan met
veranderingen

communicatie

voorstellingsvermogen

festiviteiten

Sociale interactie

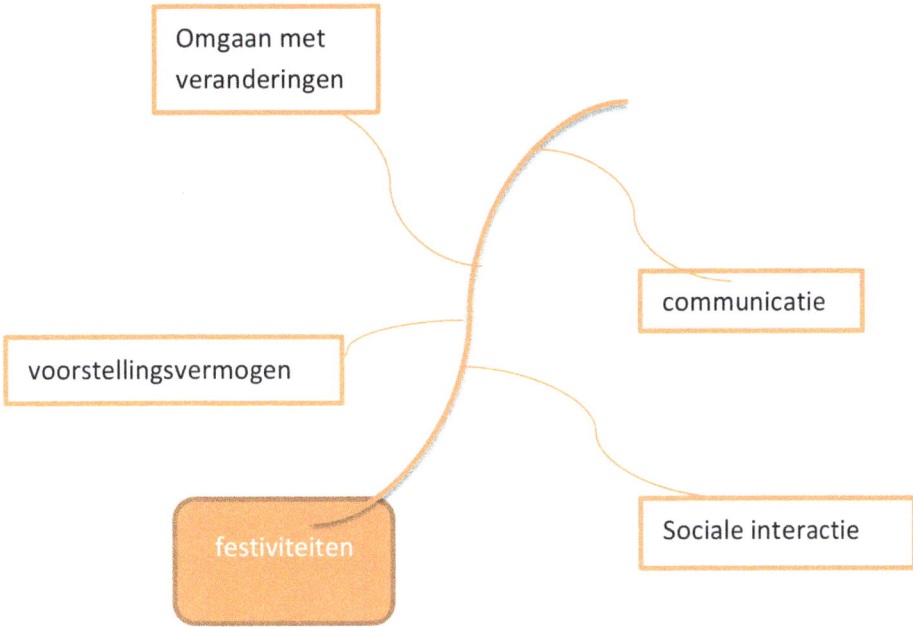

4.   Festiviteiten

Bij festiviteiten komt voor kleuters met autisme veel op hen af:
- Waar gaan we naar toe???
- Wat gaat er gebeuren???
- Wat moet ik dan doen???
- En hoe lang duurt dit alles???

Het kind kan zich van wat er gaat gebeuren geen voorstelling
maken. Als dit dan verbaal uitgelegd wordt, moet hij het
gesproken woord omzetten in een beeld. En dat is het probleem!

Deze vragen zorgen ervoor dat het kind vaak in het verzet gaat.
De veiligheid is helemaal weg. En als de omgeving dan corrigerend
naar de kleuter optreedt, voelt hij zich nog meer bedreigd.
Het is belangrijk om 'verzet in het gedrag' te beoordelen als 'angst!'

Dus de oplossing is: hoe breng ik duidelijkheid en dus veiligheid
voor het kind!

Een verjaardag

Inleiding:
Het is feest want Janna is jarig.
De kinderen zitten in de kring en Janna mag trakteren.
Er volgt een ritueel wat altijd bij de verjaardagen gebeurt.

Voorbeeld
Janna is 5 jaar geworden en mag trakteren in de klas. Als er is gezongen voor haar mag zij haar traktatie uitdelen. Alle kinderen zitten in de kring te wachten tot Janna haar traktatie komt langsbrengen. Maar Janna blijft passief staan in de kring en toont geen initiatief tot uitdelen. Ook aanmoediging van de juf: "Deel maar uit Janna" zorgt er niet voor dat zij in actie komt.
De klasgenoten van Janna verliezen hun geduld en worden rumoerig. Janna verroert zich niet en begint te huilen.

Wat is er aan de hand?
Janna heeft duidelijk problemen met wat er van haar verwacht wordt. Janna wil graag trakteren, maar weet niet hoe ze het moet aanpakken Ze weet niet wat ze moet doen, hoe ze het moet doen en in welke volgorde.

Hoe pak ik dit aan?
Belangrijk is om de concrete stappen te benoemen, zoals: begin bij Marlies, geef je traktatie, ga dan naar Tom en geef hem ook de traktatie en zo steeds naar het volgende kind. Als alle kinderen jouw traktatie hebben, ga je op je stoel zitten en ben je klaar. Het is handig om rituelen/handelingen welke vaker terugkeren te visualiseren. Een klasgenootje loopt dan bijvoorbeeld met Janna mee en wijst steeds op de kaart aan naar welk volgende kind ze gaan.

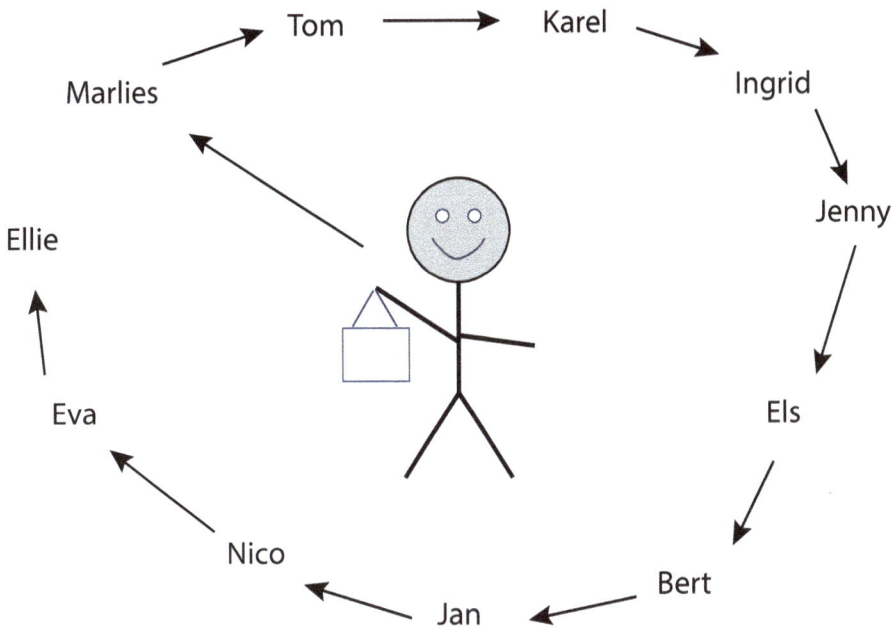

Tom → Karel

Marlies

Ingrid

Ellie

Jenny

Eva

Els

Nico

Jan

Bert

Juf is jarig

Inleiding:
Juf is jarig. De klas is gezellig versierd. Juf Ingrid heeft een feestmuts op en alle kinderen die binnen komen krijgen ook een feestmuts op.

Voorbeeld
Tom komt op school. Zijn moeder brengt hem naar de klas en helpt hem met de jas ophangen. Als hij in de deuropening staat, kijkt hij de klas in. Hij kijkt, draait zich om en gaat onder zijn jas op de grond zitten. Hij wil de klas niet in.

Wat is er aan de hand?

Er is een totaal nieuwe situatie voor Tom. De kinderen en juf zien er helemaal anders uit en Tom kan aan deze vernieuwde situatie geen betekenis geven.

1 Het kan zijn dat hij niet om kan gaan met plotselinge veranderingen.
2 Het kan zijn dat hij Juf en de andere kinderen niet meer herkent door de muts.

Hoe pak ik dit aan?

Op het moment dat Tom in paniek is, is het belangrijk dat moeder hem even mee neemt naar een andere ruimte op school, als dat mogelijk is. Misschien is het voor dit moment alleen mogelijk dat hij mee naar huis gaat.
Een feest vraagt om een goede voorbereiding. Een visualisatie van het verloop van de dag is noodzakelijk. Het binnenkomen van Tom in de 'veranderde klas' is te heftig. Een andere mogelijkheid is om alle kinderen eerst binnen te laten komen en dan pas de mutsen opzetten.
Ook kan het heel effectief werken om de dag van te voren het 'mutsen' gebeuren alvast te oefenen. Dit is voor heel veel kinderen prettig om de grote spanning eraf te halen. Een 'verrassingsgebeuren' bij festiviteiten is voor kleuters met autisme vaak geen plezierig moment, maar een 'spanningselement'

En wat daarna?

Oefen met hem te vluchten naar een 'veilige' plek. Altijd als de spanning te hoog is mag Tom naar......... bijvoorbeeld een bouwhoek, speelhuis, luisterhoek, computer of in ieder geval een plek waar hij zich prettig voelt. Dit kan toepasbaar zijn in allerlei situaties.

Weekopening

Inleiding:
Vincent verzet zich steeds tegen de viering bij het begin van
de week.

Voorbeeld
Hij wiebelt steeds op zijn stoel. Draait de hele tijd in het rond en kijkt
voortdurend achter zich. Als hij aan de zijkant van de groep zit of
helemaal achteraan, dan gaat hij staan en kijkt voortdurend in het
rond. Na ongeveer 5 minuten houdt hij zijn handen voor zijn ogen.

Wat is er aan de hand?

Deze leerling heeft duidelijk problemen met de visuele
prikkels om hem heen. Daarbij heeft hij het gevoel dat hij
alles in de gaten wil/moet houden. Het is voor deze leerling
moeilijk om in rust het toneel te bekijken en te zien wat er
zich daar afspeelt.

Hoe pak ik dit aan?

Vincent krijgt een verrekijker of fototoestel gemaakt
van closetrollen. Zo kan hij zich richten en het detail van de
voorstelling tot zich laten komen.
Hij zit nu vooraan en aan de zijkant van de groep, zodat
hij goed zicht heeft op het toneel. Verrassend is dat hij nu
niet meer de neiging heeft om achterom te kijken. Wat hij
door de verrekijker ziet is interessant voor hem. En het is
maar 1 beeld uit het grote geheel.

En wat daarna?

Een volgende stap is bij deze situatie moeilijk in te schatten.
Leert hij zich beter op iets te richten, dan heeft hij later
de verrelijker niet meer nodig. Waarschijnlijk is het
gedetailleerd waarnemen iets speciaals wat altijd bij
Vincent blijft horen. In de verschillende situaties zullen voor
hem daarom altijd aanpassingen ingezet moeten worden.

Weeksluiting

Inleiding:
Op de dagritme kaarten is te zien dat er een weeksluiting is. Hierdoor is Yvonne de hele dag van de rel.

Voorbeeld
Yvonne is de hele dag zichzelf niet. Als de juf haar iets vraagt reageert zij met "NEE" en doet het niet. Wanneer de juf haar iets voor zichzelf laat doen ontaardt dit in chaos om haar heen en stoort zij de andere kinderen. Wanneer zij toch moet doen wat de andere kinderen ook doen gaat Yvonne huilen. Tijdens de toneelstukjes loopt Yvonne steeds weg en begint zij te huilen wanneer de juf haar bij zich zet en haar verhindert weg te lopen. Tijdens het toneelstuk weigert Yvonne mee te gaan naar het podium en doet niets.

Wat is er aan de hand?
Wanneer het vaste dagritme wordt doorbroken geeft dat een kind met ASS erg veel spanning. Week-afsluitingen zijn vaak doorbrekingen van het dagelijkse ritueel. Omdat de middag anders zal gaan verlopen is Yvonne de hele dag onrustig en moeilijk voor zichzelf en haar omgeving. Yvonne heeft behoefte aan veel regelmaat en voorspelbaarheid. Yvonne kan zich moeilijk voorstellen hoe de middag eruit gaat zien.
Zij zit met vragen als: wat gaat er gebeuren, hoelang, waar gaat zij zitten wat gaat er verder gebeuren, waar komen de andere kinderen te zitten, wat gaat er daarna gebeuren, etc. Doordat er te veel vraagtekens voor haar zijn heeft zij moeite om de rest van de dag de rust te vinden in de gewone dagelijkse activiteiten.

Hoe pak ik dit aan?
Wanneer een deel van de dag anders ingevuld gaat worden is het belangrijk dit goed met de kleuter te bespreken en te visualiseren. Ga met hem naar de ruimte, zet alvast zijn stoeltje klaar, maak ook duidelijk wie er naast hem komen zitten, waar de kinderen van de andere klassen komen zitten, waar de juf komt te zitten, wat hij kan doen als het hem te veel wordt, hoelang het duurt

voordat de middag begint, welke activiteiten zij nog
eerst gaat doen, met wie, waar en hoelang. Bespreek dit
vooraf ook met de ouders zodat de ouders dit (thuis) met
hem kunnen doornemen. Het voordeel van het
vooraf doornemen is dat er nog alle tijd is om eventuele
onduidelijkheden (bijvoorbeeld moet ik nog naar de wc.)
naar boven komen en verduidelijkt kunnen worden. Zorg
dat vooraf ook altijd gesproken is van een escape
mogelijkheid.

Het is voor deze leerling moeilijk om…

Het kind met ASS heeft moeite met het inleven in
situaties die nog komen gaan. Hij heeft vaak te weinig
verbeeldingsvermogen om te bedenken hoe de middag
eruit komt te zien en wat hij kan doen wanneer het te veel
wordt. Het kind met ASS heeft behoefte aan
voorspelbaarheid en duidelijkheid.

1

2 **Plaatje van de
voorstelling**

En dan …

3

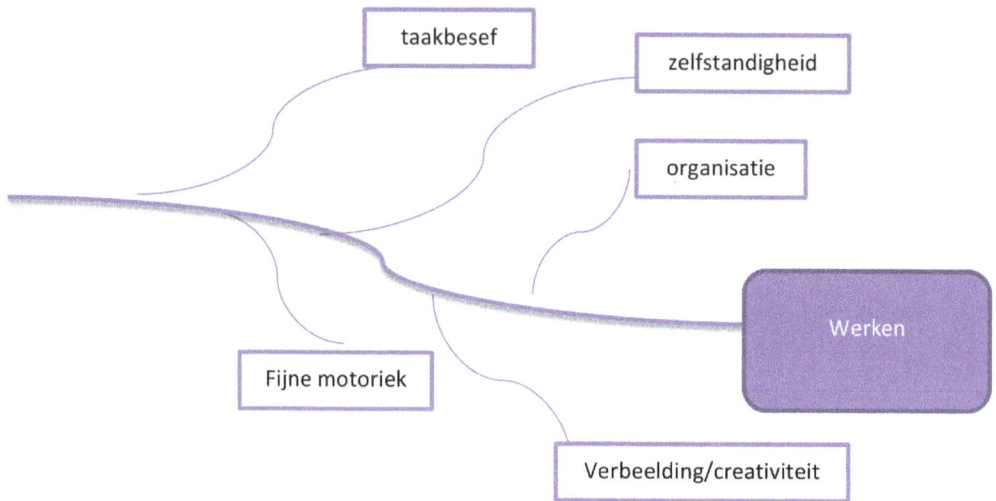

taakbesef

zelfstandigheid

organisatie

Werken

Fijne motoriek

Verbeelding/creativiteit

5.   Spelen en Werken

Bij het 'spelen en werken' zijn de activiteiten vrij of in opdracht.

- Bij de 'keuzeactiviteit' wordt er een beroep gedaan op het voorstellingsvermogen en het aan kunnen voelen van de eigen beleving. Als je een activiteit gaat kiezen, moet je je voor kunnen stellen of je plezier beleeft aan het spelen met bepaald materiaal. Omdat kleuters met ASS dit moeilijk vinden, zie je vaak dat ze kijken wat een vriendje (klasgenoot waar ze zich veilig bij voelen) op het keuzebord kiest, zodat ze dezelfde activiteit kunnen kiezen. Of ze blijven dezelfde, bekende activiteit kiezen. Nieuw materiaal moet vaak aangeboden worden, om de mogelijkheden te leren. Ook het plezier met dit materiaal moet nog eigen worden.

- Bij een opdracht wordt er een beroep gedaan op informatie verwerken, Executive Functions en de taakgerichtheid. De kleuter met ASS 'moet' dan een activiteit doen, waar hij misschien helemaal geen zin in heeft, angstig is of hij de opdracht wel kan en daar heel onzeker van wordt. Vaak schiet de kleuter dan in verzet!

Belangrijke aanpassingen van te voren:
- Duidelijke visualisatie van de opdracht
  (voorstellingsvermogen)
- Een klasgenootje naast zich die de opdracht waarschijnlijk
  goed doet. (veilige steun)
- Dienblaadje met materialen erop, die nodig zijn voor de
  opdracht. (Executive Functions), zodat deze in zijn geheel
  aangeboden kunnen worden.

Schilderen

Inleiding:
Anouk is 5 ½ jaar. Als ze tijdens het spelen en werken een opdracht
krijgt, loopt ze er vaak van weg.

Voorbeeld
Anouk krijgt met het uitdelen van de activiteiten tijdens het spelen
en werken te horen dat ze vandaag gaat schilderen. Ze knikt als de
leerkracht dit vertelt. Als alle kinderen aan naar hun werkje gaan,
loopt Anouk naar het schildersbord. Daar kijkt ze naar een ander
kind die een schort aantrekt. De leerkracht komt langs en moedigt
Anouk aan om ook een schort aan te trekken. Anouk doet dit.
Daarna kijkt ze in het rond en loopt naar het aanrechtje (naast het
schildersbord). Anouk draait de kraan open en dicht.

De leerkracht komt weer langs en neemt de hand van Anouk
en brengt haar naar het schildersbord: "Nu blijf je hier bij het
schildersbord en gaat schilderen. Pak de kwast maar." Anouk begint
te schilderen. Ze zet twee strepen, kijkt naar de ander die schildert,
zet de kwast weer weg en draait op haar stoel naar de klas. Daarna
staat ze op en loopt naar de gang. Daar gaat ze in de bouwhoek
spelen.

Wat is er aan de hand?

Anouk weet niet wat er van haar verwacht wordt en hoe lang?

1 Het is vormloos materiaal, waar zij vorm aan moet geven. (voorstellingsvermogen)

2 Ze kan geen betekenis geven aan dat wat de leerkracht verbaal duidelijk maakt. (communicatie)

3 Ze kijkt steeds in het rond en reageert op de dingen om haar heen. Ze imiteert niet het gedrag van de kleuter naast zich.

Belangrijk is dat ze begrijpt wat de bedoeling is van het schildersbord en dat ze leert om bij haar taak te blijven.

Hoe pak ik dit aan?

1 Geef een vorm of afbeelding op het schildersvel weer, zodat ze weet wat ze gaat schilderen.

2 Anouk heeft visualisatie nodig voor de betekenisverlening van haar taak.

De legotrein

Inleiding:
Bart speelt op de mat met de duplo lego: rails, trein en andere blokjes.

Voorbeeld
Bart zit op de mat en houdt de rails vast. In de andere hand heeft hij een treintje. Juf zegt: "Eerst een rails leggen en dan pas het treintje pakken en ermee rijden". De juf loopt verder.

Even later komt er een andere jongen bij en pakt 2 rail stukken en legt ze aan elkaar. Daarna nog enkele stukken. Bart zit en kijkt. De andere jongen gaat naar de wc en Bart zit alleen. Hij legt zijn stukje rails aan dat wat er al ligt. De jongen komt terug en legt weer stukjes aan de rails. Bart legt tussendoor ook zijn stukje en zo wordt het een sluitend railspatroon.

Dan komt de juf en zet het station erbij. Ze doet voor hoe het spel gaat. De trein rijdt, stopt bij het station en mensen stappen in en uit.

Wat is er aan de hand?
Bart heeft duidelijk problemen met de start om een rails te leggen. Hij kan de opdracht van de juf niet in handelen omzetten, maar imiteert de andere jongen die ook met de rails speelt. Zijn leerstrategie is: nadoen wat de ander heeft gedaan. Bart is persoonsafhankelijk. Dit moet omgezet worden naar middel (visueel) afhankelijk.

Hoe pak ik dit aan?
Bart heeft een visueel voorbeeld nodig om structuur te geven aan het materiaal, om er volgorde in aan te kunnen geven.

Dat kan er zo uitzien:

Laat hem altijd samen met een ander kind (buddy) dezelfde activiteit doen. Zijn buddy kent het materiaal, zodat Bart zijn imitatiegedrag kan benutten.

Speelhuis 'doen alsof'

Inleiding:
Elise heeft de speelhoek gekozen. Daar spelen nog 2 andere kinderen: 1 oudste kleuter en 1 jongste. De oudste kleuter is de leider en verdeelt de rollen en bepaalt het spel wat gespeeld wordt

Voorbeeld
Elise is in de speelhoek en haalt de pop uit het bedje. Dan zegt de oudste: "Elise ga jij even eten koken voor ons". Elise gaat naar de telefoon en zegt: "Oh, de telefoon. "Ja met Elise" en dan is het stil. Ze kijkt met de telefoon in de hand naar de ander. Even later legt ze de hoorn neer. Dit is op het moment dat de oudste kleuter zich met het jongere kind bemoeit. Elise loopt weer naar het poppenbedje en haalt de pop uit bed. Ze trekt de kleren uit van de pop en legt deze weer in bed. Opeens begint de oudste weer tegen Elise te praten en zegt:"Vader ga jij even boodschappen doen?"

Elise roept:" Daar gaat de telefoon." Ze loopt er naar toe en zegt: "Met Elise" en ze doet alsof ze luistert. Ze volgt met haar blik de oudste kleuter. Als deze weer iets anders aan het doen is, legt Elise de hoorn neer en gaat weer naar het poppenbedje. Dit herhaalt zich zo enkele keren.

Wat is er aan de hand?

Elise heeft duidelijk problemen met het 'doen alsof spel' in het speelhuis. Ze vervalt steeds in haar veilige positie van de telefoon. Vanuit deze positie kan ze de ander volgen en bekijken. Het spel van de pop in en uit het bed halen heeft ze waarschijnlijk een andere keer al afgekeken. Dat spelmoment is voor haar nog concreet en dus uit te voeren. De opdracht 'eten koken' is te vaag. Elise weet niet wat er van haar verwacht wordt en dan is de telefoon een veilige plek. Ze heeft ontdekt dat de ander dan stopt om tegen haar te praten. Deze oorzaak-gevolg situatie heeft Elise aan elkaar geplakt in haar geheugen.
Vanuit de plaats met de telefoon hoeft ze niet op de ander te reageren. Zo stelt ze zichzelf steeds in een veilige positie. Ze is goed in het imiteren van het spel van de ander.

Hoe pak ik dit aan?

Het is voor Elise moeilijk om het 'doen alsof spel' te spelen. Ze weet ook niet wat de ander verwacht van haar. (ToM probleem). Het imitatiespel is voor haar veilig en bekend. Dat wordt de ingang om iets nieuws aan te leren. Het is handig om Elise met 2 oudste kleuters in de speelhoek te laten spelen. Oudste kleuter K. krijgt de opdracht om Elise mee aan de hand te nemen en samen te reageren op een opdracht van oudste kleuter M. bijvoorbeeld 'eten koken'. De volgende speel/werktijd gaat alleen Elise met oudste kleuter M. in het speelhuis. En M. krijgt de opdracht om hetzelfde spel te spelen als de keer ervoor: dus de opdracht 'eten koken' te geven aan Elise.
Nu is het belangrijk om te observeren of Elise het spel kan meespelen. Is dit niet het geval dan kun je het spel nog niet uitbreiden, maar zal het imitatiespel vaak herhaald moeten worden.

En wat daarna?

Een volgende stap zou kunnen zijn om een situatie in verschillende stappen te tekenen en dit te bespreken met Elise en één andere kleuter. Ze spelen dus met opdrachtkaarten.

Aan een opdracht werken

Inleiding:
Als Gerard een opdracht moet doen, gaat hij in het verzet. Hij trekt dan meestal al een boos gezicht. Dan gaat hij met de leerkracht de strijd aan. Daarin wordt zijn vastberadenheid om niet aan het werk te gaan steeds steviger. Dit is vaak bij een knip/plakwerkje. Soms ook bij een puzzel/lotto activiteit. Een beloningsactiviteit als de taak af is, helpt niet.

Voorbeeld
Tijdens de kring worden de taken uitgedeeld. Gerard hoort dat hij aan de knutseltafel moet gaan zitten om een dier te vouwen. Hij legt direct zijn hoofd op tafel en zucht. Leekracht deelt de blaadjes uit en zegt wat ze moeten doen. Gerard kijkt naar de andere kinderen. Gerard vraagt aan een buurmeisje wat hij moet doen en deze antwoordt: "Vlieger vouwen". Gerard zegt :
"Die kan ik wel". Als hij begonnen is, blijkt de schuine vouw toch wel erg moeilijk. Gerard stopt ermee en zegt in zichzelf: "Ik maak er ook geen kaas bij". De leerkracht komt langs en helpt hem. Hij legt zijn hoofd op tafel en stopt ermee.

Wat is er aan de hand?

Gerard heeft geen idee wat en hoe hij zijn taak moet aanpakken. Dan is de beste oplossing voor hem om in het verzet te gaan. Tijdens de observatie blijkt dat hij het best wil proberen, maar bij de eerste tegenslag al opgeeft. Het dat de motorische handelingen te moeilijk zijn. Ook heeft hij geen idee hoe de opbouw/volgorde van zijn taak is. Door te weigeren denkt hij zelf de regie te kunnen houden.

Hoe pak ik dit aan?

Bij een vouwactiviteit moet hij de werkvolgorde voor zich hebben liggen. De motorisch handeling moet hem voorgedaan worden of samen met hem. Het is handig voor Gerard steeds een buddy naast zich te hebben. Dat hoeft niet steeds dezelfde kleuter te zijn. De buddy en Gerard hebben bijvoorbeeld eenzelfde kleur lint om. Dat maakt het duidelijk voor Gerard wie hem helpt. Als hij weet wat (werkvolgorde) en met wie hij iets gaat doen, haal je zijn verzet waarschijnlijk weg.

Als hij hieraan gewend is, kun je bekijken of dit in andere situaties ook handig is om te gebruiken

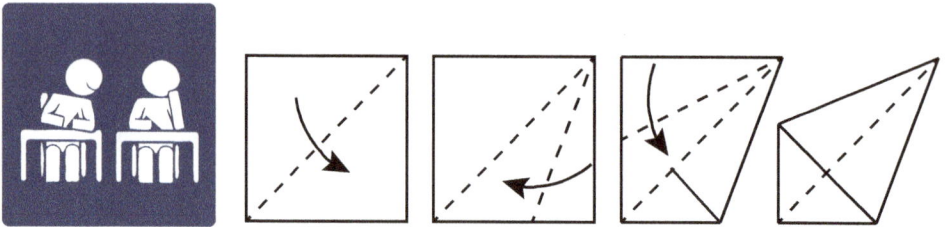

En wat daarna?

Als dit proces zich goed ontwikkelt versterkt het zelfvertrouwen van Gerard. En pas dan zal hij de stap durven te nemen om iets zelf te gaan doen. Zo bouw je zelfvertrouwen op. Dan zie je ook welke motorische handelingen hij extra moet oefenen of welke andere vaardigheid extra oefening vraagt.

Eerst:

Spullen liggen klaar met werkvolgorde.

Volgende stap:

Picto om spullen zelf te pakken.
Geef hem een bakje, waar hij de spullen in kan verzamelen, die hij nodig heeft.

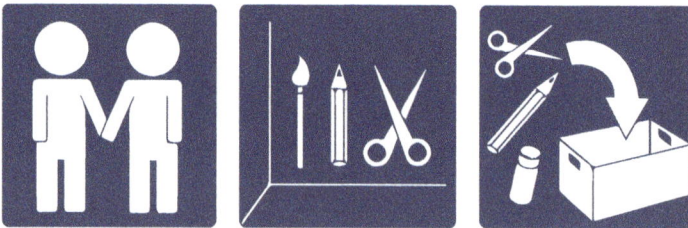

Pas veel later:

Zelf de spullen weer opruimen.

Als hij de volgende stap zelf maakt bijvoorbeeld alle spullen bij elkaar zoeken, zorg dat er steeds een buddy is. De buddy krijgt de instructie: "Loop met hem mee en help als hij het niet zelf kan.

Spullen verzamelen voor het knutselen

Inleiding:
Luana krijgt de opdracht van de leerkracht om bij de knutseltafel te gaan zitten voor een knutselwerkje.

Voorbeeld
Luana moet spullen bij elkaar verzamelen: plakpotje, kwastje, schaartje en plakzeiltje om het knutselwerkje te kunnen maken. Als zij bij de kast komt blijft zij rondkijken. Een ander kind komt erbij, pakt zijn potje en loopt weer weg. Leerkracht moedigt haar aan om het plakpotje te pakken en zij doet het. Dan loopt Luana naar haar tafel en zet haar plakpotje daar neer. Dan kijkt zij naar de juf. Deze moedigt haar weer aan om de rest te halen. En zo gaat het de hele tijd door. Totdat zij alles heeft. Zij zucht als zij alles heeft en op en zijn gaat zitten. Afwachtend wat ze nu moet gaan doen.

Wat is er aan de hand?

Luana heeft problemen met de Executive Functions, het organiseren van de materialen die ze voor haar taak nodig heeft.

Hoe pak ik dit aan?

Luana krijgt een dienblaadje met daarop de afbeeldingen van de materialen die ze uit de kast moet halen. Dan loopt de leerkracht met haar mee naar de kast. Zij wijst Luana naar de afbeelding en naar het materiaal in de kast. Zo leert Luana welke afbeelding bij welk materiaal hoort. Dit herhaalt de leerkracht enkele keren. Elke keer neemt de leerkracht iets meer afstand en laat Luana steeds meer zelf doen. Dit geeft haar meer zelfvertrouwen!

En wat daarna?

Daarna krijgt Luana het dienblad met afbeeldingen en doet het helemaal zelf. Als dat lukt wordt er steeds iets gewijzigd op het dienblad, om Luana te leren dat ze steeds andere materialen moet en zelf kan verzamelen.

Opruimen

Inleiding:
Bram helpt niet mee met opruimen. Dat is natuurlijk ook een abstract begrip. Want welke handeling wordt er van je verwacht bij het woord 'opruimen'. Opruimen in de bouwhoek is heel iets anders dan in de speelhoek, of als je gepuzzeld hebt. En ook anders als je aan het knutselen bent geweest.

Voorbeeld
Als het liedje van het einde van de speeltijd is geweest, weten de kinderen dat ze moeten opruimen. De jongen waar Bram mee gespeeld heeft zegt: "Juf, Bram helpt niet mee". Juf zegt dat Bram mee moet helpen. Bram loopt weg uit de klas en gaat op de wc zitten. Dit doet hij nu automatisch na het liedje.

Wat is er aan de hand?

Bram weet niet wat de inhoud van opruimen is. Het is niet duidelijk voor hem welke handeling er van hem verwacht wordt. Het naar de wc gaan is voor hem heel veilig. Na een tijdje gaat hij weer naar de klas en het opruimen is afgelopen. Hij heeft deze 'oorzaak-gevolg' aan elkaar geplakt en als positief ervaren. Dus blijft hij dat nu herhalen en is voor hem een geconditioneerde handeling geworden.

Hoe pak ik dit aan?

Bram zal het opruimen in de verschillende situaties aangeleerd moeten worden. Juf geeft hem duidelijke opdrachten met behulp van visualisatiekaarten.

1   opruimen na het bouwen op de bouwmat:

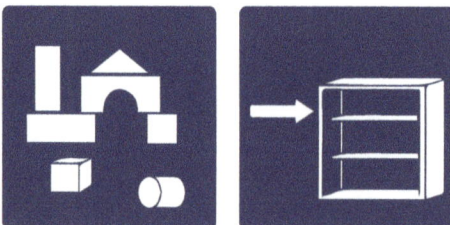

2 opruimen na het puzzelen:

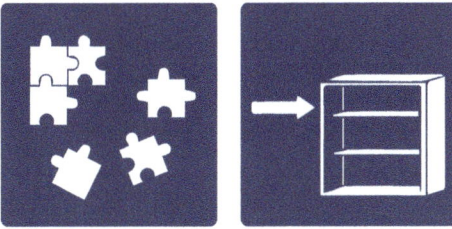

3 opruimen na het knutselen:

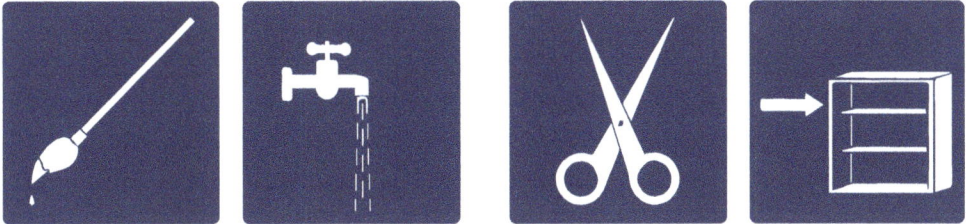

En wat daarna?
> De leerkracht heeft het gebruik van de visuele kaart ingeoefend met Bram. Koppeling liedje zingen van opruimen en daarna de kaart aanbieden. Als Bram hier goed op reageert kan de volgende stap zijn dat een klasgenootje de kaart aan Bram geeft na het liedje. Leerkracht controleert of Bram de handeling oppikt.

En wat daarna?
> De kaart ligt in de buurt van Bram. Als het liedje gezongen is, wijst de medeleerling naar de plaats waar de kaart ligt en moedigt dan Bram aan om die te pakken. Dit is een moeilijke stap: voor de buddy en voor Bram.

Een andere aanpak bij het opruimen van een tafel vol spulletjes is:
> Bram leert om alles wat opgeruimd moet worden op een dienblad te leggen.

De leerkracht brengt samen met Bram de spullen naar de goede plek.

En wat daarna?
> Bram brengt ook zelf de spullen naar de goede plek.

Samen spelen

Inleiding:
Pedro heeft zijn kaartje op het keuzebord opgehangen bij de bouwhoek. Hij heeft gewacht tot een andere jongen zijn kaartje daar ook heeft opgehangen. Later komt er nog een jongetje bij.

Voorbeeld
Pedro volgt wat de andere jongens doen en doet dit na. Hij zet ook een blok op de toren. Dan zegt hij tegen zijn vriendje: "Hoor je mij?" Zijn vriend zegt: "Ja". Het andere jongetje fluistert het vriendje wat in het oor. Pedro volgt dit en roept nog eens : "Hoor je mij?" Dan zegt zijn vriendje: "Nee". Pedro begint nog harder te roepen. De twee jongens lachen. Pedro herhaalt nog eens: "Als je mij niet hoort mag je ook niet op mijn verjaardag komen". Deze situatie herhaalt zich enkele keren. De jongens lopen lachend weg van de bouwhoek. Pedro ligt huilend op de grond en zegt: "Niemand wil mijn vriend zijn".

Wat is er aan de hand?

Pedro heeft duidelijk problemen met de betekenis van vriendschap en samen spelen. Hij weet niet hoe hij met behulp van taal in contact kan komen met de ander. Hij zegt: "Hoor je mij? En bedoelt daar waarschijnlijk mee: "Zie je mij? of Zullen we samen spelen?" Deze situatie herhaalt zich al enkele weken, maar steeds in een iets andere vorm. Hij weet niet hoe hij het contact vast moet houden met zijn vriend.

Daarbij speelt de andere jongen nog een belangrijke rol in de verstoring van dat contact. Pedro vervalt in een vorm van echolalie, omdat hij niet weet hoe hij dit op een andere manier moet aanpakken.

Hoe pak ik dit aan?

1 Pedro kan alleen met 1 ander kind spelen, 2 kinderen is te veel voor hem. Hij kan geen betekenis geven aan de interactie tussen de twee andere jongens.

2 Het is voor Pedro heel moeilijk om de ideeën van de ander te volgen en te interpreteren, daarom moet er een concrete opdracht zijn met een voorbeeldkaart. Bij een concreet voorbeeld moeten Pedro en de ander op hetzelfde speldoel gericht zijn en dat geeft Pedro duidelijkheid.

Het samenspelen is voor Pedro dan gericht op 1 ander kind en wat hij met het materiaal moet/kan doen is duidelijk.

De 1ste stap is:
- Ieder kind bouwt iets zelf. Geef hen allebei een eigen voorbeeldkaart.
- Alleen het materiaal wordt gedeeld.
- Zo kun je het niveau per kind ook aanpassen.

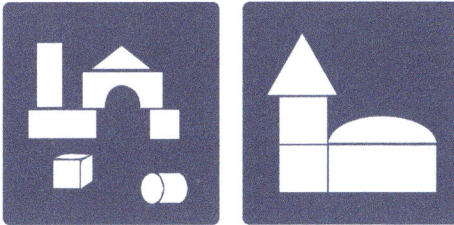

En wat daarna?

De 2de stap kan zijn:
- 1 kind bouwt iets en de ander bouwt dit na, te beginnen met 1 blok.
- Elke keer komt er 1 blok bij en de ander doet dit steeds na.
- Daarna worden de rollen omgedraaid.
- Zet er een time-timer bij bijvoorbeeld elke beurt 5 minuten.

De 3de stap kan zijn:

- Een beperkte hoeveelheid blokken geven.
  1 kind begint met de eerste blok.
- De ander mag er een blok bij of op zetten.
- Om de beurt nu mogen ze bouwen tot de blokken op zijn.

 of

De 4de stap kan zijn:

- 1 blok legt de leerkracht neer. Dan mogen ze om de beurt
  elkaar een opdracht geven bijvoorbeeld :
  "Leg de vierkante blok ernaast".

Oefen deze stappen ook met andere materialen:
Bijvoorbeeld de een maakt iets met een insteekmozaiek
en de ander maakt het na!

Knutselen

Inleiding:
In de kleuterklas van juf Els maken alle kinderen een knutselwerkje voor Moederdag. Ook Dave krijgt de opdracht het plakwerkje te maken. Juf Els gaat bij Dave zitten. Zij heeft hem het voorbeeld gegeven.

Voorbeeld
Dave pakt het gekleurde papier, en begint te scheuren. Na een aantal snippers pakt Dave het kwastje, stopt het in het lijmpotje en gaat lijmen. Er komt lijm op zijn vingers. Dave staat op en gaat naar de kraan. Hij wast zijn hand en gaat weer zitten. Dave pakt zijn kwastje dat in het lijmpotje staat. Aan het kwastje zit nog lijm. Dit komt op zijn vinger. Dave wil weer opstaan. De juf zegt dat hij moet blijven zitten en eerst zijn werkje moet afmaken. Dave blijft zitten. Hij kijkt naar het werkje. Hij gaat er niet meer mee verder.

Wat is er aan de hand?

Dave vindt lijm aan zijn hand vies en/of een naar gevoel. Hij kan niet verder werken als hij die lijm aan zijn vingers voelt. Door de verstoorde zintuiglijke verwerking hebben veel kinderen met ASS een andere reactie wanneer zij iets moeten aanraken. Zij kunnen zich hier niet voor afsluiten en doorgaan met wat de opdracht is.

Hoe pak ik dit aan?

Het is bijna niet mogelijk om Dave te leren dat vieze handen niet erg is; voor hem is het erg! Het verbieden van handen wassen zorgt voor veel stress en Dave zal niet in staat zijn om zijn werkje te maken, vanwege de verstoorde zintuiglijke prikkelverwerking. Bij de verstoorde zintuiglijke verwerking kan je Dave toch het werkje laten maken door de opdracht in stukken te verdelen.

In de 1ste werktijd snippers maken in een bakje doen. De opdracht is klaar als het papier wat versnippert moet worden op is. Dave krijgt dus zoveel papier als nodig is voor het vervolg van de opdracht.

In de 2de werktijd worden de snippers opgeplakt. Een oplossing kan zijn: zorgen dat het mogelijk is om het kwastje vrij van plaksel te houden.(plakselpotje met kleine opening)
Wanneer Dave niet verder kan werken omdat hij geen vieze handen wil hebben kunnen plastichandschoenen helpen. Aan het eind van het werkje zijn de handschoenen vies en gooien we die weg, dan is alles weer schoon!

 of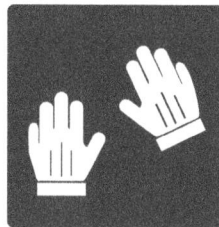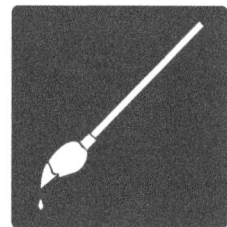

Keuze puzzelen

Inleiding:
In de klas is het tijd voor: arbeid naar keuze. De jongste kleuters hebben een werkje uit de kast moeten pakken. Frans heeft een puzzel gekozen. Hij heeft deze mee naar de tafel genomen.

Voorbeeld
Frans zit met de puzzel voor zich. Hij heeft alle stukjes uit de puzzel gehaald en doet verder niets meer met de puzzel. Hij kijkt rond, rolt wat met de stukjes, stopt de stukjes in zijn mond, roert wat door de stukjes maar er komt geen enkel stukje op het puzzelbord. De juf spoort Frans verscheidene keren aan maar Frans kijkt de juf aan en doet niets. Wanneer de juf naast hem komt zitten en een stukje op de goede plaats neerlegt pakt ook Frans een stukje en legt die op het puzzelbord. Dan loopt de juf weg en Frans gaat niet meer verder.

Wat is er aan de hand?

1. Het is voor Frans erg moeilijk om zich te concentreren. Er gebeurt veel om hem heen.

2. Frans heeft geen idee hoe hij, nu alle stukjes op de tafel liggen, het puzzelen moet aanpakken

Hoe pak ik dit aan?

1. Zorg voor een vaste prikkelarme werkplek. Wanneer de (externe) prikkels afnemen wordt het makkelijker om zich te concentreren. Op de werkplek staat een time-timer zodat Frans weet hoelang hij over de puzzel kan doen.

2. Vanwege zijn problemen met het plannen en organiseren raakt Frans verstrikt in de chaos van puzzelstukjes. Hij heeft een stappenplan nodig hoe hij moet puzzelen.
De puzzelstukjes zijn in 3 bakjes verdeeld: 1 hoeken, 2 randen en 3 de stukjes van het midden.

Elk bakje heeft een nummer.
- Bakje 1 met de opdracht pak de hoekstukjes,
  en leg ze op de goede plek
- Bakje 2 opdracht pak de randstukjes,
  en leg ze op de goede plek
- Bakje 3 leg nu de middenstukjes op de goede plek

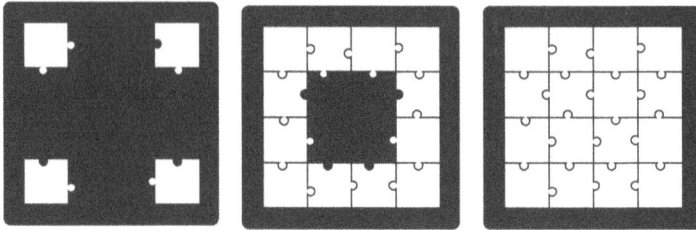

Volgende stap:

Geef hem de doos met puzzelstukjes en hij gaat zelf de puzzelstukjes verdelen in de goede bakjes. Dit is een afgeronde opdracht tijdens het werken. Zijn de stukjes verdeeld dan is de opdracht klaar.

Laatste stap is:

1 puzzelstukjes verdelen
2 de puzzel maken.

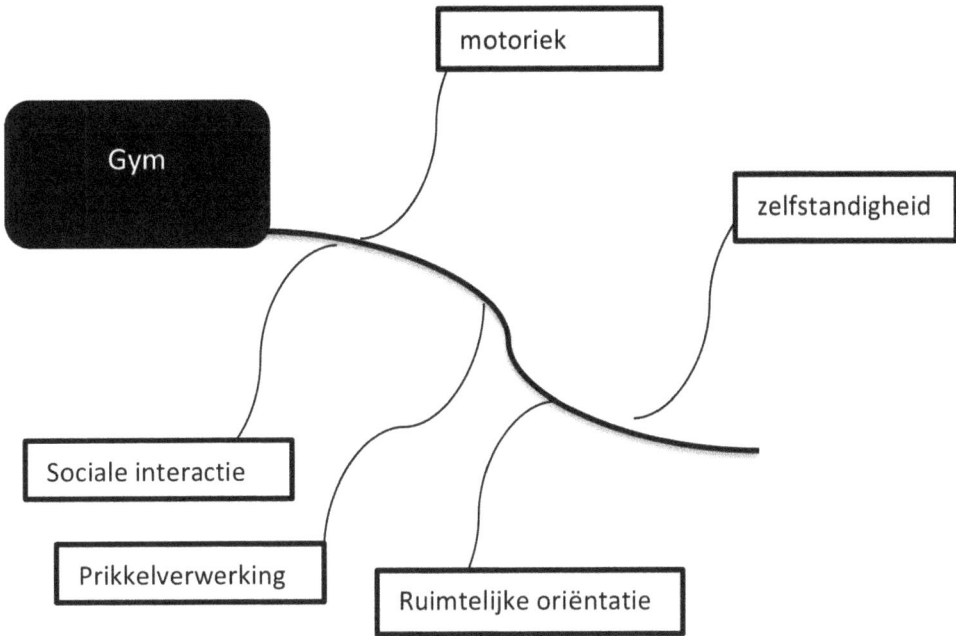

```
          motoriek
  ┌─────────┐
  │   Gym   │                    zelfstandigheid
  └─────────┘

 Sociale interactie

   Prikkelverwerking        Ruimtelijke oriëntatie
```

6. Gymen/Bewegingsonderwijs

Het bewegingsonderwijs/gym komt aan bod tijdens de binnen gymlessen en tijdens het buiten spelen. In dit hoofdstuk hebben we het over de binnen gym lessen. Het buiten spelen heeft een eigen hoofdstuk gekregen.

Voor veel leerlingen met autisme is de gymles geen onverdeeld genoegen. Vaak zijn ze motorisch niet zo sterk en er is zoveel waar rekening mee gehouden moet worden! Beurtgedrag, samenspel, spelregels, ballen die in de ronte vliegen, een reeks handelingen die na elkaar moeten worden gemaakt en dat alles in een grote ruimte waar heel veel geluid is en iedereen lijkt rond te rennen. (prikkelverwerking)

De gymlessen bestaan zowel uit vrije bewegingslessen als gestructureerde toestel lessen. Tijdens de vrije bewegingslessen wordt er een groot beroep gedaan op de zelfstandigheid. En komt ook nog eens een eigen keuze (invulling van de activiteiten) aan de orde. Dan kan een buddy voor de kleuter met autisme een oplossing bieden. Kinderen die bemoeizuchtig/regelend zijn, kunnen deze eigenschap naar het positieve 'de leider' ombuigen. Ook kan de buddy een ondersteuning zijn bij het sociale aspect. Deze buddy hoeft niet steeds dezelfde persoon te zijn. Het moet wel een kind zijn waar de leerling met autisme vertrouwen in heeft.

Allebei een zelfde kleur lint om kan duidelijk aangeven aan wie de kleuter met autisme deze les gekoppeld is. Het is bij deze kinderen heel wisselend in de motorische aandoening en de problemen in de ruimtelijke oriëntatie.

De toestellessen zijn vaak gestructureerder en geven vaak minder problemen. Een leerling die het goede voorbeeld van de oefening geeft is vaak genoeg ondersteuning. Dan spelen soms angsten voor bepaalde oefening een rol, zoals bijvoorbeeld hoogte/ diepte of zwaaien en duikelen. (het pro-prioceptieve deel van de prikkelverwerking).
Observatie is noodzakelijk om erachter te komen welk aspect van de les problemen geeft.

Sociale interactie

Inleiding:
Juf Irma zet één keer per week een circuit klaar in de speelzaal. Er staan twee banen waarin verschillende toestellen achter elkaar zijn opgesteld. Vandaag zijn het de klautertoestellen die met banken aan elkaar gekoppeld zijn. Als de kinderen binnenkomen gaan ze allemaal tegen de muur aanzitten. De juf legt de opdrachten en de regels uit. Na de uitleg maakt juf Irma twee groepen en de kinderen kunnen starten.

Voorbeeld
Paul start als 4e. Hij loopt iedereen die voor hem is omver. Hij wacht niet als kinderen voor hem iets langzamer zijn maar gaat er langs en hij duwt soms ook de andere kinderen gewoon weg. Er ontstaan gevaarlijke situaties. Eén klasgenootje valt en gaat huilend naar Juf Irma.

Wat is er aan de hand?
Paul heeft duidelijk problemen met het inschatten van een veilige (volg)afstand en kan geen rekening houden met de anderen kinderen. Hij begrijpt niet dat als hij kinderen wegduwt of omver loopt dat andere kinderen pijn hebben en dat hij de oorzaak ervan is.

Hoe pak ik dit aan?

Het is voor Paul moeilijk om in te schatten hoever de afstand tussen hem en het kind voor hem moet zijn. Aanpak mogelijkheden:

1. Paul als eerste laten starten. Regel: Nieuwe ronde starten wanneer alle kinderen op de baan weg zijn.
2. Halverwege de baan (van het circuit) een teken (pylon, bordje,..) neerzetten. Regel: Je kan pas starten wanneer het kind voor je bij het teken is.

Weten wat je moet doen

Inleiding:
Karel is 5 jaar en zit in groep 2. Omdat Karel zich tijdens de vrije speelsituatie in de gymles niet tot bewegen komt, krijgt hij in een klein groepje instructie met een opdracht. Het is de bedoeling dat de kinderen een baan die uitgezet is volgen. Het gaat om klimmen en klauteren met een platformpje tussen 2 klimtoestellen.

Voorbeeld
Karel zit bij de andere kinderen op de bank. Als de uitleg gegeven wordt kijkt hij een beetje voor zich uit. Dan gaat het eerste kind beginnen. Daarna is hij aan de beurt. Hij staat op en begint te huilen. Een ander kind gaat beginnen. Karel staat een beetje afzijdig en praat in zichzelf. Dan komt Ineke en pakt zijn hand. "Kom maar", zegt ze. Karel kijkt op en loopt met haar mee. Hij klimt het toestel op en blijft op het platformpje zitten. Hij praat in zichzelf. Dan klimt hij zelfstandig naar het volgende platformpje en blijft daar zitten. Kijkt in het rond naar de andere kinderen.

Wat is er aan de hand?
Karel heeft duidelijk problemen met de betekenis verlening van datgene wat hij moet doen. Hij weet niet wat er van hem verwacht wordt. Karel laat zich wel leiden door Ineke (een klasgenootje). Alleen houdt Ineke het niet lang genoeg vol en midden op het toestel weet Karel het weer niet. Karel heeft iemand nodig die samen met hem de eerste keer de toestellen doet met daarbij een visualisatie van de oefening.

Hoe pak ik dit aan?
Een andere mogelijkheid is om Karel voorinstructie te geven in een gymzaal waar de toestellen wel uitgezet zijn, maar er nog geen kinderen rondlopen. Als hij dan de route van de klimtoestellen sneller oppikt, geeft dat hem al gauw meer zelfvertrouwen. Dat zelfvertouwen geeft hem een competent gevoel, wat er voor zorgt dat hij nieuwe dingen aandurft.

En wat daarna?

En daarna observeren of hij het de tweede keer zelf kan. Misschien is het nodig om hem een paar keer aan de hand mee te nemen. Geef door middel van de visualisatie bij de kleuter aan welke oefening hij moet doen. Na enkele keren ga je als begeleider steeds meer afstand nemen, om te kijken of hij de handelingen samen met de visualisatie zelf oppakt.

Zo wordt hij middel afhankelijk in plaats van persoonsafhankelijk.

Aan- en uitkleden

Inleiding:
Thomas is een jonge kleuter bij wie het aan-en uitkleden bij de gym niet lukt.

Voorbeeld

Als de kleuters gaan gymen, kleden ze zich in de klas om: dus kleren en schoenen uit en gymschoenen aan. Thomas kijkt in het rond als de kinderen zich omkleden. De leerkracht zegt dat Thomas ook moet beginnen. Hij trekt zijn broek uit en kijkt weer in het rond. Loopt naar de lego auto en speelt ermee. De leerkracht roept hem maar hij reageert niet. De leerkracht gaat hem halen en brengt hem naar zijn plaats. Daar helpt ze hem met 1 arm uit zijn trui en zegt dat hij zelf verder moet gaan. Dat doet hij. En als de trui uit is, loopt hij weg van zijn plaats en pakt een prentenboek en gaat erin bladeren. Zo gaat het bij alles. De leerktracht moet hem steeds fysiek naar zijn plaats brengen en hem aanzetten tot de volgende stap van het omkleden.

Wat is er aan de hand?

Thomas heeft problemen met de executive functions: een taak in een bepaalde volgorde afmaken. (aan- en uitkleden) Hij kan het wel, maar moet na elke handeling geholpen worden om te starten bij de volgende stap. Daarbij kan hij zich niet focussen op zijn taak en wordt afgeleid door dat wat hij in zijn omgeving ziet.

Hoe pak ik dit aan?

Thomas krijgt een tafel achter een scherm om zich aan- en uit te kleden.

Tafel waar Thomas gaat zitten om zich aan en uit te kleden voor de gym. Tegen de muur hangt een pasfoto van Thomas met daarnaast een strook met klittenband. Hierop bevestig je de bovenstaande picto´s in de volgorde voor het uitkleden. Na de gym de picto´s voor het aankleden.

En wat daarna?

> Na een paar weken zegt Thomas tegen de leerkracht. "Ik kan wel bij de andere kinderen zitten". En het scherm kan weg en de tafel (met klittenband) wordt bij de anderen gezet. Thomas kleedt zich zelfstandig aan en uit.

7.   Andere situaties

Er zijn natuurlijk allerlei andere situaties te bedenken, die niet onder een van de zes hoofdstukken te plaatsen is. Een daarvan is de overgangssituatie, naar het toilet gaan en moeten wachten. Daarnaast zijn er allerlei communicatieve situaties en daardoor ook sociale situaties die voor de leerling. met autisme problemen opleveren. De gehele dag door wordt de leerling. met autisme geconfronteerd met zijn handicap. Hier volgen enkele voorbeelden.

Overgangssituaties
Sommige kleuters met autisme kunnen moeilijk overstappen van de ene situatie naar de andere.

In de groepen 1 en 2 gaan deze vaak gepaard met vaste rituelen zoals bijvoorbeeld als de speel/werktijd stopt en ze moeten gaan opruimen. De leerkracht laat eerst een belletje horen (dat wil zeggen allemaal naar de juf kijken) Daarna beginnen ze een liedje te zingen over : we gaan opruimen, we gaan opruimen… enzovoort. Dit is voor bijna alle kinderen duidelijk en voor een enkeling niet.

Die ene leerling heeft voor het belletje een signaal nodig dat het ritueel van opruimen begint. Het kind krijgt een 'wisselkaartje'. De leerkracht zegt erbij: "We gaan iets anders doen". Dit kan een gekleurd kartonnetje zijn. Direct na het geven van het wisselkaartje laat de leerkracht het belletje horen en volgt de rest van het ritueel. Daarna brengt de leerling het kaartje naar een bakje op het bureau van de leerkracht. En de kleuter krijgt instructie over zijn opruimtaak.

Elke keer als er een overgangssituatie is van de ene activiteit naar de andere krijgt deze leerling een wisselkaartje bijvoobeeld:
- als de kring afgelopen is geeft de leerkracht eerst het kaartje aan deze leerling en daarna gaan pas alle andere kinderen naar de volgende activiteit. De leerling brengt nu het kaartje naar het speciale bakje.
- Kinderen zitten in de kring en de leerkracht geeft het wisselkaartje aan deze leerling. Daarna zegt ze: "We gaan buiten spelen". De leerling brengt het kaartje naar het speciale bakje en gaat ook naar buiten.

- Het buitenspelen is afgelopen: de leerkracht geeft het wisselkaartje en kondigt dan aan dat ze naar binnen gaan.

Naar het toilet gaan

Veel van deze kinderen gaan vaak net te laat naar het toilet. De andere prikkelverwerking kan hiervan de oorzaak zijn. Soms zijn ze zo in de activiteit betrokken dat ze de plasprikkel niet voelen. Soms is het ook een vluchtactiviteit. Goed observeren is weer van belang.

Er zijn ook kinderen die hun activiteit niet willen stoppen om naar het toilet te gaan. Belangrijk is om te weten wat de oorzaak is. Vaak zijn dan vaste momenten om naar het toilet te gaan in het dagritme een oplossing.

Als het toiletbezoek op zich een probleem is, zal dit een apart leerproces moeten zijn (intraining) met bijvoorbeeld visualisatie.

Wachttijd is kliertijd

Wachten is voor een kleuter met ASS een lege tijd, bijvoorbeeld totdat iedereen klaar is met opruimen of in een rij wachten. Een lege tijd is onduidelijk, onvoorspelbaar en daardoor soms ook onveilig. De kleuter met ASS gaat dan zelf invulling geven om niet in paniek te raken.

Het is vaak voor meer kinderen een lastig moment. Daarom geeft de leerkracht bijvoorbeeld bij het in de kring wachten de opdracht om de bak met prentenboeken in de kring te zetten, zodat het kind wat te doen heeft. Een ander idee is om 'een wachttdoos' te maken. Dit is een plastic bak met allerlei frummel/voel-dingetjes zoals een knijpballetje, zacht gelachtig beestje of handpuzzeltje.

Wie klaar is mag uit de wachtdoos, die voor de hele groep bestemd is een handspeeltje pakken. Dit voorkomt dat ze aan elkaar gaan zitten of een vriendje uitdagen tot een stoeipartijtje.

Voor de kleuter met autisme is het soms handig om in de grote doos een klein doosje (naam erop of een speciale kleur) te doen met zijn lievelingsspeeltje erin.

Dit bespreken met de klasgenootjes zorgt ervoor dat de kleuter met autisme weet dat altijd hetzelfde speeltje voor hem in de doos blijft liggen.

Brand alarm

Inleiding:
Steeds als de situatie ineens anders is begint Achmed te gillen en is dan niet aanspreekbaar.

Voorbeeld
Brandalarm:
Als het brandalarm geoefend moet worden, begint Achmed ook te gillen en raken de andere kinderen nog meer van de rel. De paniek is compleet in de hele groep.

Wat is er aan de hand?

Achmed heeft problemen met de onvoorspelbare situatie. Bij deze situatie is ook nog eens een doordringend geluid, wat hij niet kan plaatsen.

Hoe pak ik dit aan?

Achmed wordt de ochtend van de oefening duidelijk gemaakt wat er na de pauze gaat gebeuren met behulp van visualisatie. Als het alarm af gaat krijgt Achmed het leerlingenboek waar de namen van de kinderen in staan. Hij gaat met het boek bij juf staan en blijft daar. Juf kan dan zien of iedereen in de rij staat.
Het is handig om dit te oefenen als er geen kinderen op school zijn, zodat je ook het geluid kunt laten horen.

Nabijheid kunnen verdragen

Inleiding:
Jasper is een kleuter van 4 ½ jaar oud. Hij tikt, slaat en knijpt kinderen.

Voorbeeld
Jasper is een kleuter die veel kinderen aanraakt en dan niet op een leuke manier. Als hij in de kring zit en zijn stoeltjes apart staat gaat het goed. Maar zo gauw hij iets te dicht bij kinderen is, gaat hij ze slaan of geeft ze een zet. Dit gebeurt vaak als hij bijvoorbeeld door de klas loopt of als er een kind bij zijn speel/werk tafel komt kijken. In het speelhuis wil hij niet en in de bouwhoek zit hij met zijn rug tegen de muur gedrukt en houdt de kinderen in de gaten. Zo komt hij moeilijk of niet tot spelen.

Wat is er aan de hand?
Jasper heeft duidelijk problemen met de nabijheid van anderen. Het is voor hem meteen onveilig als er een kind bij hem in de buurt komt. Uitleggen dat de kinderen niet boos zijn of iets kwaads willen doen, blijkt geen zin te hebben. Het verbieden van het knijpen en duwen heeft ook geen resultaat. Kinderen dicht bij hem zijn echt onveilig en beangstigend voor hem.

Hoe pak ik dit aan?
Het is voor Jasper moeilijk om rust te vinden in zichzelf als er kinderen in zijn buurt zijn. Daarom heeft hij nu een hoepel die overal met hem mee gaat. De hoepel gaat mee in de kring, maar ook naar zijn speel of werkplek. Ook gaat de hoepel mee naar buiten en naar de gym. De kinderen weten dat ze niet binnen die hoepel mogen komen.
Jasper krijgt steeds meer het vertrouwen dat de kinderen dat ook niet doen. Zo gauw hij de klas binnen komt, pakt hij de hoepel en loopt ermee naar zijn plaats.

En wat daarna?

Een volgende stap zou kunnen zijn om te kijken of hij de hoepel weleens weglegt. Dat is namelijk het signaal dat er voor hem meer veiligheid is. Dan ga je afspreken bijvoorbeeld in de kring:
Jasper zit op zijn stoel (zonder hoepel) naast de leerkracht, iets verder van hem zit een ander kind. Die krijgt instructie om op deze afstand van Jasper te blijven en hem niet aan te raken. En hij leert erop te vertrouwen dat de kinderen hem niet aanraken.
Daarna kun je de stap maken naar een speel/werkplekje aan een tafel. De tafel bakent het gebied op een natuurlijke wijze af. Kinderen mogen niet via de achterzijde hem benaderen. Daarom is het goed om zijn stoeltje tegen een wand te zetten en zijn tafeltje ervoor.
1 kind zit voor hem.

Regelhantering

Inleiding:
In klas krijgen de kinderen een ster voor goed gedrag. Steeds na een activiteit wordt deze ster uitgedeeld aan de kinderen die het verdienen.

Voorbeeld
Jeroen is even uit de klas gehaald door de logopediste. Als hij terug komt zitten de kinderen aan de groepstafel fruit te eten. De kinderen kunnen een ster verdienen bij goed gedrag. De klassenassistente deelt beloningssterren uit aan de kinderen die zich goed gedragen hebben tijdens het eten. Als zij Jeroen, die nog zit te eten, een ster geeft voor goed gedrag, wordt Jeroen heel boos. Hij roept: "Ik krijg geen ster, ik krijg geen ster". De klassenassistente begrijpt het gedrag van Jeroen niet en zegt: "Jeroen jij krijgt alvast een ster". Jeroen blijft boos roepen: "Ik krijg geen ster".

Wat is er aan de hand?

Jeroen weet wanneer hij een ster verdient nl. na een activiteit. Als de klassenassistente de beloning eerder geeft klopt oorzaak-gevolg niet meer voor hem. Hoe kan hij een beloning krijgen terwijl hij nog niet klaar is met eten.

Hoe pak ik dit aan?

Het is voor de klassenassistente moeilijk om Jeroen te begrijpen. Het is nodig om haar kennis te geven van ASS. Gewoon wachten totdat hij klaar is met eten en dan pas de beloning geven!!! Daarnaast is het van belang om te controleren bij Jeroen of hij weet wat er bedoeld wordt met 'goed gedrag'. Laat hem een plaatje zien van het gedrag wat er van hem verwacht wordt bijvoorbeeld.

Weglopen uit de klas

Inleiding:
Steeds als een klasgenootje tegen Lisette zegt: "Dat mag niet!", rent Lisette de klas en de school uit en verstopt zich onder het klimrek of ergens anders op het schoolplein.

Voorbeeld
Lisette heeft de speelhoek gekozen. Zij hangt haar kaartje bij het takenbord op de goede plaats en huppelt achter een ander meisje de speelhoek in. Daar begint ze meteen het kastje van het keukentje leeg te halen. Als haar vriendinnetje zegt dat ze dat niet mag doen, kijkt Lisette haar even boos aan en vertrekt. Ze rent naar buiten en verstopt zich onder het klimrek. Als de leerkracht haar gaat halen wil ze niet mee. Lisette zegt dat haar vriendinnetje stout is tegen haar.

Wat is er aan de hand?

Lisette heeft duidelijk problemen met ToM. Ze kan zich niet verplaatsen in de gedachten en wensen van haar vriendinnetje. Daarbij kan ze niet verwoorden wat ze zelf wil doen. Lisette kan de situatie niet onder controle krijgen. Uit onvermogen en angst loopt ze weg en zoekt ze een veilige plek.

Hoe pak ik dit aan?

Het is voor deze leerling moeilijk om in deze situatie te overzien wat ze nu moet doen. Dit komt regelmatig voor en niet alleen tijdens dit incident. Het communicatieve probleem is niet direct te verhelpen. Belangrijk is om Lisette te leren in de klas te blijven als ze zich onveilig voelt en de situatie niet weet aan te pakken.
De leerkracht maakt een beeldverhaal, zodat Lisette weet dat de leerkracht haar begrijpt. Daarbij geeft de leerkracht aan wat Lisette wel kan doen

Lisette is boos

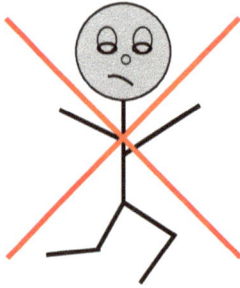

Lisette loopt weg
Dat mag niet

Lisette kruipt achter de bank
in de leeshoek.
Juf komt helpen.

En wat daarna?

Een volgende stap zou kunnen zijn dat Lisette zich verstopt
achter of bij de juf. Het derde plaatje wordt dan veranderd.
Pas veel later kan ze leren om tegen de juf of het kind te
zeggen wat ze wil.

Gesprekje

Inleiding:
Ik begin een gesprekje met een kleuter die over 3 maanden naar groep 3 gaat. Hij loopt tijdens de inloop door de klas. Hij blijft zo nu en dan bij een kind staan kijken en loopt weer verder.

Voorbeeld
Peter blijft bij mij staan en kijkt naar mij. Ik begin een gesprekje met hem.
Ik zeg: "Vind je het leuk op school?" Peter knikt.
Ik vraag wat hij leuk vindt. Peter kijkt in het rond en zegt: "De kinderen".
Ik vraag of hij vrienden heeft en hij antwoordt dat hij twee vrienden heeft.
"Wie zijn je vrienden?" Peter kijkt weer in het rond en dan naar mij. Ik wacht. "Die daar staat met die krullen", zegt hij dan. Dan vertelt hij: "Mijn vader bouwt huizen voor kinderen en een hotel".

Wat is er aan de hand?
(vaak meer observaties nodig voor oorzaak)

Peter heeft duidelijk problemen met de communicatie.
1. Hij heeft moeite met de informatie verwerking. Als hem een vraag gesteld wordt duurt het een tijdje voor hij antwoord kan geven. Daarbij lijkt het lastig voor hem om zijn gedachten te verwoorden.

2. Hij heeft het beeld van de kinderen nodig om een beschrijving van zijn vriendje te kunnen geven. De naam noemt hij niet, want voor hem is niet duidelijk dat een koppeling van persoon en naam van belang is in het sociale verkeer.

3. Daarna vertelt hij vanuit zijn eigen beleving over het werk van zijn vader, terwijl daar niet om gevraagd wordt. Er is geen sprake van wederkerigheid. De reden kan zijn dat hij niet weet hoe hij een gesprekje moet voortzetten en daarom altijd, dus als hij het niet meer weet, over het werk van zijn vader begint.

4. Het andere probleem kan zijn dat hij door associeert. Het gesprek gaat over kinderen en zijn vader bouwt huizen voor kinderen.

Hoe pak ik dit aan?

1. Informatieverwerkingsstoornis: geef hem korte duidelijke informatie en geef hem de tijd om zijn antwoord te formuleren. Om de informatietijd te versnellen helpt visualiseren, dus bijvoorbeeld tekenen of wijzen.

2. Leer hem de koppeling naam-kind eerst in een kleine kring met kinderen om hem heen. (werkplek, plaats van de jas, speelmaatje en dergelijke, kies een van de mogelijkheden). Geef hem opdrachten waarbij het noemen van de naam een rol speelt. Wanneer dit lukt bij een kleine kring, breidt dit spel dan pas uit.

3. De wederkerigheid in de communicatie is een groot probleem voor kinderen met autisme. Daarbij is een kleuter in de sociale ontwikkeling nog zo aan het groeien naar het besef van ik en de ander, dat je dit nog niet kunt aanleren.

4. Associëren: Als het associëren doorslaat naar de fantasiewereld, zorg dan dat jij zelf het gesprek weer brengt op datgene wat in het hier en nu bij hem in zijn omgeving speelt.

Het kind waar hij mee speelt krijgt een naamkaartje om en Peter ook. De kinderen die naast hem in de kring zitten krijgen een naamkaartje om en Peter ook.

Conflicten zelf regelen

Inleiding:
Steeds als Sjors ergens is, krijgt hij voortdurend ruzie. Het lijkt of Sjors per se wil dat alles op zijn manier moet gaan.

Voorbeeld

Tijdens het werken, zit Sjors aan de knutseltafel. Sjors doet zijn opdracht goed. Tijdens het vouwen, speelt hij een hele tijd met het vouwsel voordat hij weer verder gaat. Het knippen kan hij heel goed. Tussendoor speelt hij weer met zijn schaar.
Sjors heeft even zijn schaar neer gelegd en dan pakt een ander kind zijn schaar. (Gezien tijdens de observatie). Sjors wil zijn schaar terug en pakt hem af. Er ontstaat een trek- en schreeuw-conflict. Sjors kan alleen maar roepen: "De blauwe, de blauwe"! De leerkracht komt en laat aan Sjors zien dat de rode schaar ook goed knipt. Sjors blijft herhalen dat hij de blauwe wil. Hij legt een tijdje boos zijn hoofd op tafel en doet niets meer. Later maakt hij zijn werkje toch af met de rode schaar.

Wat is er aan de hand?

Sjors kan niet verwoorden dat een andere kleuter zijn blauwe schaar afgepakt heeft. Dit is een communicatief probleem. Hij kan alleen blijven herhalen: "De blauwe". Observeren is belangrijk om het directe probleem te onderkennen. Een verkeerde conclusie van probleemgedrag zorgt ervoor dat je aanpak niet aansluit en dus geen succes heeft.

Hoe pak ik dit aan?

Met dit communicatieve probleem worstelt Sjors de hele dag door. Wat een frustraties zal dit bij hem opleveren. Dit probleem los je niet zo maar op, want dit hoort bij autisme. Begrip van de leerkracht!!! Besef bij elk conflict dat Sjors alleen maar voor zichzelf opkomt. Communicatieve ondersteuning: een plaatje bij een praatje. (zie inleiding)

Stap 1:   Haal hem uit het conflict en stel hem gerust. Zeg
              tegen hem: "Ik weet dat er iets is gebeurt waar jij boos
              over bent."

Stap 2:   Neem als leerkracht de rust om met hem te praten.
              Kan dit niet, zeg dan tegen hem wanneer je met hem
              er over gaat praten. Zeg wat eerst nodig is dat je gaat
              doen: "Ik ga de kinderen weer aan het werk zetten
              en kom dan meteen bij je terug."

Stap 3:   Pak potlood en papier en teken hem, en zet zijn
              naam erbij. Laat hem erbij tekenen, als dit mogelijk is.

Stel feitelijke vragen:

        Wie deed iets?
        Wat deed jij?
        Wat wil jij?
        Teken de antwoorden van Sjors erbij en vraag: "Klopt dit?"

Wachttijd is kliertijd

Inleiding:
Het is einde van de speel/werktijd en na het opruimen gaan de kinderen in de kring zitten. De kinderen pakken een prentenboek uit de bak en wachten zo tot iedereen klaar is met opruimen. Op een teken van de leerkracht gaan de boeken weer terug in de bak.

Voorbeeld
Ilse heeft een prentenboek uitgekozen en kijkt om zich heen. Ze ziet dat de andere kinderen in hun boek bladeren. Ilse doet dit ook. De boeken gaan weer in de bak.
Ilse kijkt om zich heen. Om de beurt mogen de kinderen hun drinkbeker en koek gaan halen. Deze zetten ze dan onder hun stoel en moeten wachten totdat iedereen zijn beker en koek heeft. Ilse kijkt naar haar buurjongen en begint aan zijn trui te trekken. De jongen trekt zijn trui terug en zegt: "Blijf af". Ilse stopt ermee en geeft hem dan een duwtje. Dan draait ze zich naar de andere kant en geeft dat meisje ook een duwtje. Dit gaat zo door tot de leerkracht zegt dat ze met haar stoeltje een stukje naar achteren moet schuiven. Ilse doet dit en begint met haar benen te schuiven. Dan zingen ze het liedje voor het eten en drinken. Ilse doet mee en pakt haar drinkbeker.

Wat is er aan de hand?

Ilse heeft moeite met wachttijd. Voor haar is wachttijd 'lege' tijd. Ze weet niet wat ze daar mee moet. Dit gedrag is bij elk wachtmoment te zien bijvoorbeeld nadat de jassen zijn aangetrokken of op de bank zitten voordat de gym begint enzovoort.

Hoe pak ik dit aan?

Maak voor Ilse een wachtdoosje. Dit is een doosje waar bijvoorbeeld 2 of 3 tast/visuele voorwerpen inzitten. Elk leeg moment geeft de leerkracht dat doosje aan Ilse, zodat ze zichzelf even kan bezig houden. Als dit een positief effect op Ilse heeft, kan de leerkracht zorgen dat dit doosje in de buurt van Ilse op een vaste plaats staat. Je zult zien dat Ilse er zelf snel naar pakt bij een 'leeg' moment.

Ook een mogelijkheid is bijvoorbeeld iets wat ze graag bij zich heeft bijvoorbeeld een klein poppetje, autootje, een klein kralenkettinkje. Zorg dat er niet meer dan 3 voorwerpen in het doosje liggen.

Tot slot

Zie het gedrag, zo ook het probleemgedrag, van alle kinderen als een signaal hoe ze zich voelen. Bij kleuters met autisme zit dit ingewikkeld in elkaar. De reden van hun handelen is vaak niet duidelijk. Angst en onzekerheid zijn vaak de onderliggende oorzaken. Daardoor zijn ze extra kwetsbaar. Soms is het nodig dat ze letterlijk aan de hand worden meegenomen, totdat ze zich zeker genoeg voelen om de omgeving, met al zijn onduidelijke regels, zelfstandig in te gaan.

Dit boek wil meer duidelijkheid geven over situaties die voor kleuters met autisme lastig zijn. Het moeilijke en vaak onvoorspelbare gedrag van deze kinderen is te verklaren, maar bovenal: je kunt als leerkracht ervoor zorgen dat je juist voor deze kinderen een veilige leeromgeving creëert!

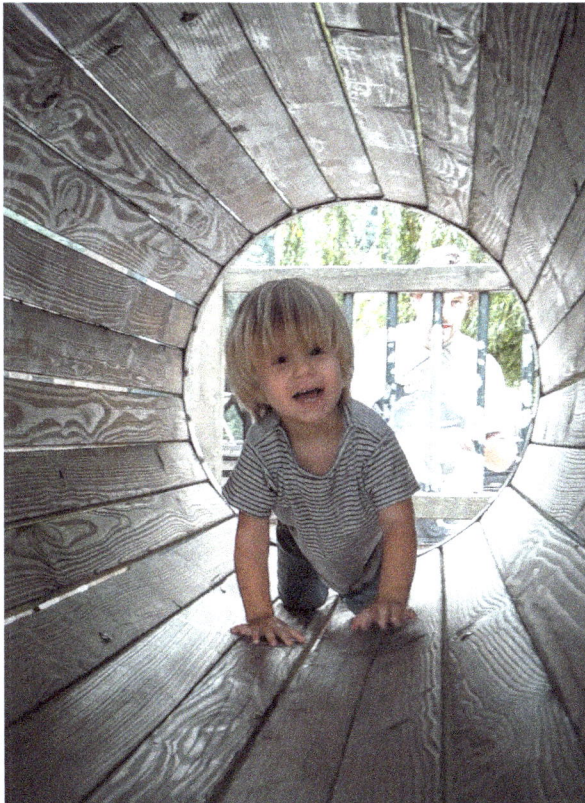

Samen op weg naar een wijde blik op de wereld

Literatuur

Berckelaer-Onnes, I.A. van, & Engeland, H.van (1986 en 1992). Kinderen en autisme. Meppel, Boom.

Bogdashina, O.
(2004),Waarneming en zintuiglijke ervaringen bij mensen met Autisme en Aspergersyndroom
Uitgever Garant, Antwerpen-Apeldoorn

Bruin de Colette (2004), Geef me de 5, Een praktisch houvast bij de opvoeding van kinderen met autisme, Graviant educatieve uitgaven, Doetinchem
Cloetens (2006), tabel 4.1 Overzicht van taal- en communicatie ontwikkeling bij kinderen met en zonder autisme

Denteneer-van der Pas W, Verpoorten R.
 (2007), Autisme spectrumstoornissen, basisbegrippen en inleiding tot concept ondersteunende communicatie, Viataal

Nijs de, P.F.A.
(2004), Ontwikkeling langs de levenslijnen
Garant, Antwerpen- Apeldoorn

Peeters, T
(2000), Autisme van begrijpen tot begeleiden
Uitgeverij Hadewijch, Antwerpen-Baarn

Vermeulen P.
(2002), Brein bedriegt, als autisme niet op autisme lijkt
Uitgever Epo, Berchem

Vermeulen P
 (2009),Autisme als contextblindheid
Uitgever EPO, Berchem

Wing, L (2000). Leven met uw autistisch kind. Een gids voor ouders en begeleiders. Lisse: Swets en Zeitlinger.